Mathias von Hofen

Russland
Eine Bestandsaufnahme vor dem Beginn der Winterolympiade in Sotschi

Titelbild: Russland, Sotschi
ullstein bild 00896133 CARO/Frank Sorge

Mathias von Hofen arbeitete über vier Jahre für die Nachrichtenagentur Interfax und drei Jahre als Abteilungsleiter Russland/GUS für einen Verlag. Er schreibt für mehrere Online-Publikationen und einen Münchner Verlag. Von Hofen schloss ein Studium der Politikwissenschaften mit dem Schwerpunkt Osteuropa und postsowjetische Staaten an den Universitäten Hamburg und Marburg mit dem Diplom ab.

Landeszentrale für politische Bildung Thüringen
Regierungsstraße 73, 99084 Erfurt
www.lzt-thueringen.de
2014

ISBN: 978-3-943588-38-5

Inhalt

1. Die Winter Olympiade 2014

Vom 7. bis 23. Februar 2014 finden die 22. Olympischen Winterspiele im russischen Sotschi statt. Die Stadt liegt an der russischen Schwarzmeerküste und hat über 340.000 Einwohner. Es werden die zweiten Olympischen Spiele in Russland nach der Olympiade im Jahr 1980 in Moskau sein. Sotschi hatte die Winterspiele im zweiten Anlauf zugesprochen bekommen, nachdem die Stadt bei der Bewerbung im Jahr 2002 gescheitert war.

Sotschi konnte sich bei den Abstimmungen des internationalen olympischen Komitees im Juli 2007 erst gegen Salzburg und in der finalen Abstimmung gegen das koreanische Pyeongchang durchsetzen.

Damit werden die Winterspiele erstmals in einer subtropischen Stadt ausgetragen. Dadurch, dass ein Teil der Wettbewerbe direkt in der Stadt Sotschi und ein anderer Teil in dem, etwa 50 Kilometer von Sotschi entfernten, Gebirgsort Krasnaja Poljana stattfindet, sind besonders umfangreiche Investitionen in die Infrastruktur notwendig geworden. So wird eine Schnellbahn die beiden Orte verbinden und zugleich wird das Straßen- und Schienennetz in der gesamten Region ausgebaut. Außerdem waren zum Zeitpunkt der Kandidatur Sotschis fast keine Wettkampfstätten vorhanden, sodass sehr umfangreiche Baumaßnahmen notwendig wurden.

Im Olympiapark in Sotschi entstehen das Olympiastadion und sämtliche Eishallen. Das Stadion hat ein Fassungsvermögen von 40.000 Zuschauern. Dort sollen sowohl die Eröffnungs- als auch die Schlussfeier stattfinden. Parallel dazu werden in Sotschi eine Eis-Arena, in der die Eishockeyspiele ausgetragen werden, der Bolschoi-Eispalast für das Finale im Eishockey, der Adler-Palast für den Eisschnelllauf, der Icebergpalast für den Eiskunstlauf und ein Curling-Center gebaut.

Nach Angaben der Veranstalter sind die meisten Sportstätten so konstruiert, dass sie nach dem Ende der Olympiade abgebaut und in einer anderen Stadt wieder neu aufgebaut werden können. Nur beim Olympiastadion und dem Eispalast ist dies nicht möglich.

Bei einem Besuch in Sotschi Ende November 2013 sagte Präsident Putin, dass „die Anlagen immer noch nicht perfekt sind" und somit auch die Bauarbeiten noch nicht ganz abgeschlossen sind (russland.ru, 28.11.2013).

Offensichtlich war den Veranstaltern bereits von Anfang an klar, dass die Sportstätten für eine mittelgroße Stadt wie Sotschi überdimensioniert sind. Letztendlich wird wohl nur das Olympiastadion teilweise weiter genutzt werden. So sollen Spiele der Fußball Weltmeisterschaft 2018 auch in Sotschi stattfinden.

Im Gebirgsort Krasnaja Poljana, der in 600 Meter Höhe zwischen zwei großen Naturschutzgebieten liegt, werden die Ski- und Rennrodelwettbewerbe ausgetragen. In Krasnaja Poljana werden eine Rodelbahn, ein Skisprung-Zentrum, ein Zentrum für den Skilanglauf und das Biathlon- sowie ein Alpinzentrum errichtet. Alleine das Skisprung-Zentrum und das Skilanglauf-Zentrum sollen jeweils eine Kapazität von etwa 7.500 Zuschauern haben. Anders als viele der Sportstätten in Sotschi sind die Anlagen in Krasnaja Poljana für eine langfristige Nutzung gedacht. Krasnaja Poljana soll nach dem Willen der russischen Regierung zu einem führenden europäischen Wintersportresort werden.

Gewisse Probleme haben sich bei der Bereitstellung der nötigen Bettenkapazität in den Hotels vor Ort ergeben. Die vorhandenen Hotels in Sotschi waren für ein Großereignis wie die Winterolympiade nicht ausreichend. So erhielt die Stadt Sotschi vom IOC die Auflage mindestens 41.500 Hotelzimmer bereitzustellen. Ende 2012 standen erst 34.000 Hotelzimmer zur Verfügung. Laut dem Organisationskomitee sollen aber weitere 20.000 Zimmer bis Ende 2013 gebaut werden.

Die Ticket-Preise für die Olympia-Veranstaltungen werden sehr unterschiedlich ausfallen. Bei weniger gefragten Veranstaltungen wie den Gruppenspielen der Eishockey-Frauen oder auch den Rodelwettbewerben sind die Tickets relativ günstig. Karten für Bobrennen gibt es schon für 31 Euro. Beim Eishockey-Finale der Herren dagegen gibt es Tickets zwischen 170 und 850 Euro (Russland Heute, 8.9.2013).

Die Winterspiele in Sotschi haben zweifelsohne große Bedeutung für die russische Regierung. So ist bekannt, dass sich Präsident Putin für die Stadt als Austragungsort der Olympiade eingesetzt hat. In Sotschi befindet sich eine der Residenzen des russischen Präsidenten und Putin hat schon des Öfteren ausländische Staatsoberhäupter hierher eingeladen. Die Stadt gehört zur südrussischen Region Krasnodar, einer wirtschaftlich relativ gut entwickelten und für russische Verhältnisse vergleichsweise dicht besiedelten Region, und ist Russlands Tor zum Kaukasus.

Sotschi liegt nur etwa 30 Kilometer von der russisch-abchasischen Grenze entfernt. Abchasien ist eine Teilrepublik innerhalb Georgiens, die seit längerem versucht sich von Georgien zu lösen. Die Unabhängigkeit Abchasiens wird bisher nur von Russland anerkannt. Eine erfolgreich durchgeführte Olympiade in Sotschi wäre für die russische Regierung auch ein Beweis dafür, dass sie die Lage in dieser Region voll unter Kontrolle hat und die Konflikte im russischen Nordkaukasus und in Georgien nicht auf Sotschi und die Region Krasnodar übergreifen.

Kritik an der Winter-Olympiade

Die oben genannten Projekte sind ein erheblicher Eingriff in die besonders schützenwerte Natur des Kaukasusgebirges und der Schwarzmeerküste.

Der Kaukasus beherbergt eine sehr artenreiche Fauna und Flora. Bei den Tierarten sind Bären, Wölfe, Luchse, das Kaukasus Wisent und der vom Aussterben bedrohte Kaukasische Leopard hervorzuheben.

Besonders die Eingriffe in der Umgebung von Krasnaja Poljana werden von Umweltschützern als unverhältnismäßig kritisiert. Hier beginnt das fast 3.000 Quadratkilometer große Naturgebiet Westlicher Kaukasus, dass von der UNESCO auf die Liste des Weltnaturerbes gesetzt wurde.

Nach Angaben der Umweltorganisation „Umweltwache Nordkaukasus" hat die neue Auto- und Bahnstrecke zwischen dem zu Sotschi gehörenden Küstenort Adler und Krasnaja Poljana besonders negative Auswirkungen. Dadurch sei das Ökosystem des kaukasischen Flusses Msymta zusammengebrochen. Unter Druck des UN-Umweltschutzkomitees (UNEP) ist zwar eine Deklaration zur Wiederbelebung der Natur im Msymta-Tal verabschiedet worden, doch reale Schritte in dieser Richtung bleiben aus.

Das von den Organisatoren der Olympischen Spiele verkündete Ziel, die Stadt in ein internationales Resort zu verwandeln, ist nach Ansicht der „Umweltwache Nordkaukasus" gescheitert. „Denn die einzigartige Natur, dank der Sotschi zum Urlaubsort wurde, ist zerstört worden", betont der Aktivist der Umweltwache Nordkaukasus Wladimir Kimajew (Ria Novosti, 7.2.2013).

Ein weiterer Kritikpunkt an der Olympiade in Sotschi ist, dass aufgrund des Baus von Sportstätten und Verkehrswegen Tausende von Menschen in Sotschi und der Umgebung zwangsweise umgesiedelt worden sind. Zum Teil wurden ihnen neue Unterkünfte zur Verfügung gestellt, doch nicht in allen Fällen wurde adäquater Ersatz geschaffen. Der Bürgermeister Sotschis, Pachomow, spricht von 2.000 umgesiedelten Personen. Für sie seien drei neue Siedlungen gebaut worden (Moskauer Deutsche Zeitung, Febr. 2013).

Aufgrund der umfangreichen Bauprojekte fallen die ursprünglich von der russischen Regierung genannten Kosten von 12 Milliarden Euro nun wesentlich höher aus. Mittlerweile rechnet man mit Kosten von über 50 Milliarden Euro, die überwiegend vom russischen Staat getragen werden. So kostet allein die Verkehrsanbindung für den Skiort Krasnaja Poljana 5 Milliarden Euro, da zahlreiche Brücken und Tunnels gebaut werden mussten. Auch die Eisenbahnstrecke zwischen dem Olympiadorf am Schwarzen Meer und Krasnaja Poljana hat enorme Kosten verursacht. Kritiker betonen, dass die Kosten in keinerlei Relation zum Nutzen für die Bevölkerung stehen.

Die Planung sowie die Bereitstellung der Mittel erfolgten hauptsächlich durch die Zentralregierung, weitgehend ohne die Beteiligung lokaler Akteure. Auch die an den Baumaßnahmen beteiligten Unternehmen kommen nur zu einem kleinen Teil aus der Region Sotschi (Russland- Analysen, 6.12.2013).

Eine Besonderheit der Olympiade in Sotschi ist, dass nicht wie bisher ein nationales Organisationskomitee die Hauptverantwortung trägt, das dem IOC (Internationales Olympisches Komitee) unterstellt ist. Es gibt zwar auch in Sotschi ein Organisationskomitee, doch die Entscheidungen werden von der Projektgesellschaft „Olimpstroj" getroffen. „Olimpstroj" wurde 2007 durch ein Gesetz der Russischen Föderation geschaffen. Aufgaben von Olimpstroj sind vor allem der Bau der Sportstätten und die Schaffung der notwendigen Infrastruktur. Der Präsident von „Olimpstroj" wird von der Regierung in Moskau ernannt.

Offensichtlich gab es massive interne Probleme bei „Olimpstroj". Dafür spricht der schnelle Wechsel an der Spitze der Gesellschaft. Der jetzige Präsident, Sergej Gaplikow, ist bereits der vierte Leiter von „Olimpstroj" seit 2007.

„Olimpstroj" wird von Kritikern auch dafür verantwortlich gemacht, dass die Kosten für die Olympiade so rasant gestiegen sind. Freunde und Bekannte Putins, wie der Bauunternehmer Arkadij Rotenberg, haben besonders lukrative Aufträge erhalten. Bemerkenswert ist in diesem Zusammenhang eine Untersuchung, dass die zentralen Olympiastätten in Russland 57 Prozent mehr kosten als vergleichbare Projekte in früheren Olympiaorten. (Russland-Analysen, 6.12.2003). Es ist anzunehmen, dass auch Korruption die Kosten so massiv in die Höhe getrieben hat. Dabei ist allerdings zu berücksichtigen, dass es auch in anderen Ländern im Rahmen der Austragung Olympischer Spiele zu Auseinandersetzungen um überzogene Budgets und Umweltzerstörung gekommen ist. Dies ist also keine spezifische russische Entwicklung.

Vor dem Hintergrund, dass viele russische Regionen erheblichen Modernisierungsbedarf in Infrastruktur, Bildung und in der regionalen Wirtschaft haben, erscheinen die Kosten unverhältnismäßig hoch. Zugleich gibt es in der Bevölkerung Sotschis wohl große Bedenken, ob die Qualität der Stadt als Ferienort nicht durch die umfangreichen Baumaßnahmen gelitten hat.

Weiterhin gibt es auch Kritik an der Auswahl von Sotschi als Austragungsort der olympischen Spiele in Zusammenhang mit dem umstrittenen Gesetz der Russischen Föderation gegen „Die Werbung für nicht traditionelle sexuelle Beziehungen", das es ermöglicht, Demonstrationen von Homosexuellen und „homosexuelle Propaganda" zu verbieten. So forderte die erfolgreiche Fechterin Imke Duplitzer deutsche Politiker dazu auf, den Spielen fernzubleiben und Sportler zu unterstützen, die gegen das Gesetz protestieren (Tagesspiegel online, 2.10.13). Auch der dreimalige Olympiasieger im Rodeln, Georg Hackl, sprach sich für einen Boykott aus und kritisierte dabei auch die Arbeitsbedingungen auf den Baustellen in Sotschi: „Man sieht Arbeiter, die in einem Bus mit vergitterten Fensterstäben hergefahren werden. Daneben stehen zwei Bewacher mit Schnellfeuergewehren." Andere Sportler wie die Ski-Olympiasiegerin Höfl-Riesch plädierten allerdings ausdrücklich für die Teilnahme. (Abendzeitung, 11.11.13)

Einzelne deutsche Politiker wie Justizministerin Leutheuser-Schnarrenberger, der CDU Politiker Jens Spahn und der Grünen Politiker Volker Beck ziehen einen Boykott oder eine Verlegung der Spiele in Betracht. Anfang Dezember entschloss sich Bundespräsident Joachim Gauck nicht nach Sotschi zu fahren. Gauck äußerte sich allerdings nicht persönlich zu seiner Absage. Das Bundespräsidialamt nannte protokollarische Gründe. Weder die Bundesregierung noch andere westliche Regierungen unterstützen offiziell einen Boykott der Spiele in Sotschi (Die Welt, 11.8.13).

Schwer einzuschätzen ist die Sicherheitslage in Sotschi während der Olympischen Spiele. Gerade im Vorfeld der Kandidatur Sotschis für die Olympischen Spiele wurde dieser Punkt von Experten häufig angesprochen. Von der russischen Regierung werden daher umfangreiche Maßnahmen getroffen, um einen sicheren Verlauf der Spiele zu gewährleisten.

Allerdings rief der tschetschenische radikalislamische Terroristenführer Doku Umarow im Sommer 2013 zu Anschlägen auf die Winterspiele in Sotschi auf. Umarow ist für den Anschlag auf den Moskauer Flughafen Domodedowo im Jahr 2011 und das Attentat auf die Moskauer U-Bahn 2010 verantwortlich. Doku Umarow steht wegen seiner terroristischen Aktivitäten auch auf der Fahndungsliste der US-Regierung und strebt einen islamischen „Gottesstaat" im zu Russland gehörenden Nordkaukasus an (Frankfurter Rundschau, 3.7.13).

Das nationale Anti-Terror Komitee NAK der Russischen Föderation erklärte, dass keine Gefahr drohe. Man werde „mit allen Mitteln gegen Terroristen vorgehen". Ein Anschlag im südrussischen Wolgograd im Oktober 2013 hat die Bedenken in Bezug auf die Sicherheitslage in Sotschi wieder erhöht. Von Seiten des IOC wird aber betont, dass man Vertrauen in die Sicherheitsmaßnahmen der russischen Regierung habe.

2. Gesellschaftliche und soziale Entwicklungen

Die Demografie Russlands

Russland hat 143 Millionen Einwohner (2012) bei einer Fläche von über 17 Millionen Quadratkilometer. Das flächenmäßig größte Land der Welt ist, mit etwas über 8 Einwohnern pro Quadratkilometer, zugleich eines der am dünnsten besiedelten. Allerdings ist etwa die Hälfte der Landfläche wirtschaftlich wenig nutzbar und kaum besiedelt, da es sich um Permafrostboden (Dauerfrostboden) handelt.

Am Ende der sowjetischen Zeit im Jahr 1989 betrug die Einwohnerzahl Russlands noch 147 Millionen. Zwischenzeitlich war sie sogar auf nur 142 Millionen gesunken. Der Bevölkerungsrückgang in den 90er-Jahren hatte vielfältige Ursachen: Eine aufgrund hoher Arbeitslosigkeit und wirtschaftlicher Unsicherheit stark gesunkene Geburtenrate; eine gesunkene Lebenserwartung (insbesondere bei Männern) aufgrund schlechter Ernährung, gestiegener Suizid- und Verbrechensraten sowie Alkoholmissbrauch; eine hohe Auswanderung insbesondere unter der (russland-)deutschen und jüdischen Minderheit.

Seit dem Jahr 2000 steigen die Geburtenraten wieder an. Lagen die Geburten im Gesamtjahr 2000 noch bei 1.266.000, so erreichten sie im Jahr 2012 fast 1.900.000. Die Erhöhung der Geburtenzahlen geht zum einen auf eine stark gesunkene Arbeitslosigkeit und eine deutlich verbesserte soziale Lage breiter Bevölkerungsschichten zurück. Zum anderen haben offensichtlich auch Maßnahmen der Regierung zur Erhöhung der Geburtenrate Wirkung gezeigt. So erhalten Eltern ab ihrem zweiten Kind eine staatliche Beihilfe von fast 10.000 Euro.

Auch die Auswanderung aus Russland ist in den letzten Jahren etwas gesunken, wenngleich das Niveau insgesamt immer noch zu hoch ist. Zugleich ist die russische Föderation aber zu einem wichtigen Einwanderungsland geworden. Angeblich steht Russland in Bezug auf die Zahl der Einwanderer weltweit an zweiter Stelle. Da die Einwanderung vielfach illegal ist, sind genaue Zahlen aber schwer zu erhalten. In russischen Großstädten wie Moskau und Petersburg ist die hohe Zahl an Zuwanderern, insbesondere aus Zentralasien und dem Kaukasus, auch im Straßenbild erkennbar. Einen großen Teil der Einwanderer stellen aber nach wie vor Russen, die aus anderen postsowjetischen Staaten nach Russland kommen. Die wirtschaftliche Situation in Russland ist, zumindest in den großen Städten, besser als in vielen anderen GUS Staaten.

Soziale Situation und Gesundheitswesen

Die soziale Lage im Land ist durch einen starken Gegensatz zwischen den verschiedenen Schichten der Bevölkerung geprägt. Der Anteil der Bevölkerung unter der Armutsgrenze liegt bei 13 Prozent. Auch hier ist eine signifikante Verbesserung in den letzten Jahren festzustellen, da Anfang des Jahrtausends dieser Wert noch bei über 19 Prozent lag. In ländlichen Regionen, insbesondere im Kaukasus, sind die Armutsraten aber wesentlich höher. So lebt zum Beispiel in der kaukasischen Teilrepublik Dagestan etwa die Hälfte der Bevölkerung unter der Armutsgrenze. Die offizielle Arbeitslosigkeit in Russland lag 2012 bei etwas über 6 Prozent. Auch hier gibt es ein sehr deutliches Land/Stadt Gefälle.

Es gibt in Russland grundsätzlich eine kostenlose Gesundheitsversorgung für alle Staatsbürger. Lange Zeit wurde jedoch wenig in den Gesundheitssektor investiert. In den letzten Jahren sind die Investitionen in diesem Bereich wieder gestiegen, doch nach wie vor ist die Bezahlung der Ärzte und Krankenschwestern im internationalen Vergleich niedrig. So ist Korruption im Gesundheitswesen weit verbreitet, da viele Ärzte auf diese Weise versuchen, ihr geringes Gehalt aufzubessern. Eine große Zahl der Krankenhäuser ist in einem schlechten Zustand. Derzeit werden in etlichen Regionen des Landes neue Kliniken gebaut, von denen jedoch viele privat betrieben werden.

Es gibt in Russland eine Pflichtkrankenversicherung, die jedoch die steigenden Kosten nur unzureichend abdeckt. Im stationären Bereich sollen viele Medikamente kostenlos sein, doch sie sind nicht immer und für alle Patienten erhältlich. So sichern sich immer mehr russische Bürger mit privaten Zusatzversicherungen ab, die aber für Rentner, Studenten und einkommensschwache Menschen kaum bezahlbar sind.

Wissenschaft, Forschung und Bildung

Forschung und Wissenschaft waren im besonderen Maße von der Auswanderungswelle in den Jahren nach dem Ende der Sowjetunion getroffen. Viele qualifizierte Forscher und Wissenschaftler verließen das Land. In den letzten zehn Jahren unternahm die Regierung einige Anstrengungen, um diesen Trend zu stoppen. So wurden die Gehälter der Wissenschaftler an staatlichen Einrichtungen angehoben und besondere Programme zur Unterstützung von Nachwuchskräften im Forschungssektor ins Leben gerufen. Zugleich wurden in verschiedenen Städten des Landes „Technologieparks" ins Leben gerufen. In diesen soll die Forschung im naturwissenschaftlichen Bereich und der Hochtechnologie besonders gefördert werden.

Der bekannteste Technologiepark Russlands, Skolkowo bei Moskau, wird manchmal auch als russisches „Silicon Valley" bezeichnet. Skolkowos Image ist allerdings durch eine Korruptionsaffäre großen Umfangs geschädigt. Mitarbeiter sollen mehrere Millionen Euro veruntreut haben. Zudem soll die Skolkowo Stiftung unerlaubt 150 Millionen Euro an Startups überwiesen haben (russland heute, 11.11.13). Ein oppositioneller Duma Abgeordneter soll von der Skolkowo Stiftung 750.000 Dollar für zehn Vorträge erhalten haben. Auch der Rücktritt von Wladimir Surkow, dem stellvertretenden Leiter der Präsidialadministration und früheren Koordinator des Projekts Skolkowo wird mit den Korruptionsaffären in Zusammenhang gebracht (Neues Deutschland, 01.06.13)

Präsident der Skolkowostiftung ist der Milliardär Viktor Wekselberg, dem sehr gute Beziehungen zur Kreml Administration nachgesagt werden. Der Schwerpunkt der Forschung liegt in den Bereichen Informationstechnologie, Telekommunikation, Energie und Biomedizin.

Skolkowo demonstriert den Willen Russlands in Forschung und Wissenschaft Anschluss an die international in diesen Bereichen führenden Länder zu gewinnen. Problematisch ist dabei aber die sehr starke Rolle des Staates und der Administration im Bereich der Wissenschaft und Forschung. Da offensichtlich eine wirksame Kontrolle und Überwachung bei der Mittelvergabe nicht immer gewährleistet ist, wird ein Umfeld geschaffen, das Korruption begünstigt. Zudem ist fraglich, ob die geförderten Projekte auch geeignet sind, einen konkurrenzfähigen Technologiesektor in Russland aufzubauen, der sich auf den Weltmärkten behaupten kann.

In Russland existiert eine vielfältige Hochschullandschaft. Zum einen gibt es die klassischen Universitäten mit sehr vielen verschiedenen Fakultäten und wissenschaftlichen Ausbildungen. Zum anderen existieren Hochschulen mit einer Spezialisierung auf technische oder ökonomische Schwerpunkte. Außerdem gibt es verschiedene Akademien und Institute.

Die Moskauer Lomonossow Universität gehört zu den führenden Universitäten Europas. Auch die technische Universität Novosibirsk und die Universität Sankt Petersburg besitzen internationales Prestige. Doch nicht wenige russische Universitäten sind finanziell vom Staat unterversorgt, was negative Auswirkungen auf die Qualität der Lehre und Forschung hat. Wohl auch deshalb muss ein großer Teil der Studenten Studiengebühren zahlen. Nur für eine kleine Zahl besonders erfolgreicher Studenten ist das Studium kostenfrei. Neben den staatlichen entstehen auch immer mehr private Universitäten. Aufgrund der hier besonders hohen Studiengebühren stehen diese allerdings nur einem Teil der Bevölkerung offen. Von den ca. 1000 Hochschulen und Akademien in Russland sind bereits über 400 private Einrichtungen.

Religion in Russland

Seit dem Ende der Sowjetunion hat es in Russland eine religiöse Renaissance gegeben. Insbesondere die orthodoxe Kirche hat stark an Einfluss gewonnen. Man schätzt, dass zwischen 50 bis 70 Prozent der russischen Bevölkerung sich zum russisch-orthodoxen Glauben bekennen. Die Zahlen beruhen auf Meinungsumfragen und Schätzungen, da es in Russland keine formelle Kirchenmitgliedschaft und Kirchensteuer wie in Deutschland gibt. In der sowjetischen Zeit wurde die orthodoxe Kirche oftmals unterdrückt, weil sie im Widerspruch zur herrschenden marxistischen Lehre stand.

Seit 1990 sind viele Kirchen und Klöster wieder eröffnet oder neu gebaut worden. Die orthodoxe Kirche erfährt auch Unterstützung von Seiten der Regierung und des Staates. Traditionell ist die orthodoxe Kirche stärker staatsorientiert als die katholische und die protestantischen Kirchen. Der jetzige Patriarch Kyrill hat sich mehrfach positiv zu Präsident Putin geäußert. Die orthodoxe Kirche vertritt im Bereich der Familien- und Gleichstellungspolitik nach wie vor konservative Positionen. So hält die Kirche am traditionellen Familienbild fest, spricht sich gegen den Feminismus aus und verurteilt die Homosexualität.

Zum Islam bekennen sich in Russland etwa 13–15 Prozent der Bevölkerung. Im Nordkaukasus und in den autonomen

Republiken Tartarstan und Baschkortostan ist eine Mehrheit der Bevölkerung muslimisch. Es ist jedoch unklar, wie viele dieser Menschen auch wirklich praktizierende Muslime sind. Insgesamt ist der Islam in den Wolga Gebieten (Tartarstan und Baschkortostan) liberaler als im Nordkaukasus. Neben Muslimen leben auch buddhistische und jüdische Minderheiten in Russland, die jedoch jeweils nicht mehr als ein Prozent der Bevölkerung stellen. Außerdem gibt es in Russland eine katholische und protestantische Minderheit. Die orthodoxe Kirche sieht die Missionstätigkeit anderer christlicher Kirchen auf dem Gebiet der russischen Föderation sehr kritisch. Insbesondere Missionare amerikanischer Freikirchen haben in den letzten zwanzig Jahren in Russland stark missioniert.

Menschenrechte und Justiz

Im März 2012 löste die Verhaftung der Punkgruppe Pussy Riot weltweite Empörung aus. Die jungen Frauen hatten in der Moskauer Erlöserkirche bei einem „Punkgebet" Schmähungen gegen Präsident Putin und die Führung der orthodoxen Kirche gerufen. In einem anschließenden Prozess wurden die Frauen zu jeweils zwei Jahren Lagerhaft verurteilt. Das Urteil wurde in der internationalen Öffentlichkeit vielfach als unverhältnismäßig kritisiert.

Auch der erneute Prozess gegen den Regimekritiker und früheren Oligarchen Michail Chodorkowski wurde im Ausland, vor allem in den westlichen Ländern, sehr kritisch begleitet. Chodorkowski war bereits nach längerer Untersuchungshaft im Jahr 2005 von einem Gericht zu neun Jahren Lagerhaft verurteilt worden, die einige Monate später auf acht Jahre reduziert worden. In einem Folgeprozess wurde er wegen angeblicher Unterschlagung zu weiteren sechs Jahren Haft verurteilt. 2012 wurde die Haftstrafe Chodorkowskis um zwei Jahre verringert, sodass er eigentlich im August 2014 entlassen werden sollte. Jetzt wurde er kurz vor den Olympischen Spielen im Dezember 2013 begnadigt und freigelassen.

Die genannten Beispiele zeigen, dass der russische Staat hart gegen seine Kritiker vorgeht. Grundsätzlich wird versucht, dem Vorgehen eine glaubhafte juristische Legitimation zu geben, doch in einigen Fällen erscheinen die erhobenen Anklagen als nicht stichhaltig. In anderen Fällen, wie zum Beispiel dem Fall der Gruppe Pussy Riot, sind die Urteile unverhältnismäßig.

Die Haftbedingungen in Russland gelten als hart. Im Jahr 2011 saßen in russischen Haftanstalten knapp 900.000 Gefangene ein. Viele der Haftanstalten sind chronisch überbelegt. Zudem sind viele Gefängnisse in einem sehr schlechten baulichen Zustand. Im Vergleich zur Bevölkerungszahl sitzen in Russland mehr Menschen im Gefängnis als in fast allen EU Staaten, doch zugleich weniger als in den USA, dem Land mit der weltweit höchsten Gefangenenquote.

Gewalt gegen Gefangene durch das Wachpersonal sowie Gewalt unter den Insassen der Haftanstalten sind häufig protokolliert worden. Nicht wenige der Gefängnisse und Straflager befinden sich in abgelegenen Gegenden, weit entfernt von der nächsten größeren Stadt. Dies ist im Prinzip eine zusätzliche Sicherungsmaßnahme, da es in der Vergangenheit mehrfach zu Ausbrüchen von – teils schwerkriminellen – Gefangenen gekommen ist.

Haftstrafen sind in Russland, im Vergleich zu den meisten EU-Staaten, relativ hoch. So werden Menschen in Russland auch schon bei eher leichten Delikten, wie einfachem Diebstahl, zu Haftstrafen verurteilt. Allerdings ist auch die Justiz generell auf anderen Maßstäben aufgebaut als in Westeuropa. So ist die Rehabilitation, also die Wiedereingliederung der Strafgefangenen in die Gesellschaft nach dem Ende ihrer Haftstrafe, kein Prinzip der russischen Justiz. Die meisten Gefangenen sind nach ihrer Haft stigmatisiert und finden nur schwer wieder in die Gesellschaft zurück.

Ende Dezember 2011 erließ der damalige Präsident Medwedew ein Gesetz, bei dem eine in Russland neue Form des Strafvollzugs eingeführt wird. Die bis zu einer Dauer von fünf Jahren verhängbare Zwangsarbeit kann sowohl bei erstmalig begangenen Schwerverbrechen als auch bei leichten Verbrechen angeordnet werden. Dabei sollen die Gefangenen ihre Strafe in einem „Besserungszentrum" anstatt in einem Gefängnis oder Straflager verbüßen. In den „Besserungszentren" soll das Kommando weniger streng sein als in einem üblichen Gefängnis. Da das Gesetz erst Anfang 2013 in Kraft getreten ist, kann man noch nicht beurteilen, ob es dadurch wirklich zu Verbesserungen im russischen Strafvollzug kommt.

Insgesamt entspricht die Justiz in der russischen Föderation in vielen Bereichen sicher nicht europäischen Standards. Kritiker des russischen Justizsystems sollten allerdings auch beachten, dass weniger harte Strafen und eine Modernisierung des russischen Strafsystems in weiten Teilen der Bevölkerung nicht als wichtig oder gar notwendig erachtet werden. Solange hier kein Bewusstseinswandel der Bevölkerung stattfindet, wird vermutlich auch der russische Staat eine grundlegende Modernisierung des Strafsystems und eine umfassende Verbesserung der Haftbedingungen in russischen Gefängnissen nicht wirklich in Angriff nehmen.

Medien und Medienfreiheit

Nach dem Ende der Sowjetunion gründeten sich in Russland viele neue Verlage. Das Angebot an Zeitungen und Zeitschriften wurde vielfältiger. Durch den weitgehenden Wegfall der Zensur entstand eine breite Pressevielfalt, die in sowjetischer Zeit undenkbar gewesen wäre. Die Presse deckte ein großes Spektrum an sehr unterschiedlichen politischen Einstellungen ab. Die Verlage hatten in dieser Zeit aber mit großen wirtschaftlichen Schwierigkeiten zu kämpfen, da aufgrund der materiellen Not in breiten Bevölkerungsschichten die Kaufkraft und somit auch die Auflagen vieler Presseerzeugnisse eher gering waren.

In den folgenden Jahren kam es zu einem Konzentrationsprozess. Viele Medien wurden von einzelnen Oligarchen oder großen Finanzgruppen, die zum Teil auch von Oligarchen kontrolliert werden, aufgekauft. In der Regierungszeit Putins waren es dann vor allem staatlich kontrollierte Holdings, die einzelne Medien kauften.

Zum Teil sind Medien direkt im staatlichen Besitz und zum Teil werden die Medien von staatseigenen Firmen kontrolliert. Außerdem sind Oligarchen und Unternehmer, die der Regierung nahe stehen, die Eigentümer von Medienunternehmen. So gibt es in Russland eine Kontrolle schon aufgrund der Besitzverhältnisse an einzelnen Medien und den daraus resultierenden wirtschaftlichen Interessen. Dadurch findet bereits eine Art Vorzensur statt. Außerdem üben der Staat und einzelne Interessengruppen Druck auf Redakteure und Journalisten aus, wenn diese unliebsame Berichte und Artikel veröffentlichen möchten.

Im Bereich der Nachrichtenagenturen ist ITAR-TASS ganz im staatlichen Besitz. Die Nachrichtenagentur RIA Novosti gehört zur staatlichen Mediengruppe WGTRK. Nur die Agentur INTERFAX ist unabhängig und in Privatbesitz.

Auch diverse Zeitungen sind in der Hand von staatlichen oder staatsnahen Konzernen. So gehören die traditionsreiche Tageszeitung „Izvestija" ebenso wie die Wochenzeitung „Itogi" jetzt zum Gazprom Konzern und der renommierte „Kommersant" wurde vom kremlnahen Oligarchen Usmanow übernommen.

Dagegen hat sich die „Novaja Gazeta" (Neue Zeitung) einen Ruf als unabhängige und sehr kremlkritische Zeitung erworben. Die „Novaja Gazeta" wurde unter anderem durch ihre Berichterstattung über den Tschetschenienkrieg bekannt. Der Mord an der Redakteurin der „Novaja Gazeta" Anna Politkowskaja im Oktober 2006 sorgte weltweit für Aufsehen und stand auch in Zusammenhang mit ihren sehr kritischen Reportagen über Tschetschenien.

Auch die ebenfalls überregionale Zeitung „Wedomosti" gilt als kritisch gegenüber Putin und der Regierung. „Wedomosti" befindet sich im Besitz mehrerer ausländischer Zeitungen, unter anderem auch dem Wall Street Journal.

Daneben gibt es auch noch diverse unabhängige Zeitungen auf regionaler Ebene. Einige Regionalzeitungen haben sich Verdienste bei der Aufklärung örtlicher Korruptionsskandale erworben.

In den Regionen ist die Kontrolle der zentralen staatlichen Aufsichtsorgane oft weniger stark als in Moskau oder Petersburg. Stattdessen üben hier die regionalen Bürgermeister und Gouverneure eine informelle Kontrolle aus. Somit ist auch der Grad an Pressefreiheit in den vielen Regionen des Landes ganz unterschiedlich und richtet sich nach der Pressefreiheit, die die lokale Administration gewährt.

Noch umfassender ist die Kontrolle des Staates in den Bereichen Rundfunk und Fernsehen. Der besonders beliebte Radiosender „Echo Moskvy" hat sich bisher allerdings seine kritische Berichterstattung bewahrt, obwohl er mehrheitlich auch zu Gazprom Media gehört.

Die zwei größten Fernsehsender Russlands, „Perwyj Kanal" (Erster Kanal) und „Rossija" (Russland) sind direkt in staatlicher Hand bzw. im Besitz der staatlichen Mediengruppe WGTRK. Der Sender mit der drittgrößten Reichweite, NTW, war einst im Besitz des Medienoligarchen Gussinski, der in der Regierungszeit von Boris Jelzin eine wichtige Rolle spielte. Unter Gussinski wurde NTW zum professionellsten und erfolgreichsten Fernsehsender in Russland. Gussinski verkaufte den Sender im Jahr 2001 an Gazprom Media und setzte sich ins Ausland ab. Gussinski behauptete später, er sei von der Regierung zum Verkauf gezwungen worden. NTW agiert immer noch etwas unabhängiger als „Perwyj Kanal" und „Rossija", aber ist nun deutlich weniger kritisch als unter der Leitungs Gussinskis.

Der staatliche Sender „Russia Today" dient dem Marketing Russlands und seiner politischen Ziele im Ausland. Die Sendungen von „Russia Today" sind äußerst professionell und haben in einigen europäischen Ländern, aber auch in den USA gute Einschaltquoten. Der Sender versucht, den Zuschauern die innenpolitische Situation in Russland und besonders auch die Positionen Russlands zu wichtigen außenpolitischen Problemen zu vermitteln. Aufgrund der Nähe des Senders zur Politik des Präsidenten wird „Russia Today" von Kritikern zuweilen auch als Propagandainstrument des Kremls bezeichnet. Allerdings definiert sich „Russia Today" bewusst auch als alternatives Medium zu den großen westlichen Sendern wie CNN, BBC oder der Deutsche Welle.

Anfang Dezember 2013 wurden Pläne der russischen Regierung bekannt, die halbstaatliche Nachrichtenagentur RIA Novosti aufzulösen. Zusammen mit „Voice of Russia" (Stimme Russlands), einem Hörfunksender, der sich vor allem an die europäischen Zuhörer wendet, und eventuell auch „Russia Today" soll eine große staatliche Medienholding entstehen. Da Einzelheiten dazu noch nicht bekannt sind, bleibt abzuwarten wie sich diese Konzentration verschiedener Medien auf die Medienlandschaft in Russland auswirken wird.

Ein sehr problematisches Kapitel der Situation der russischen Medien sind die Morde an Journalisten. So wurden zwischen März 2000 bis Ende 2006 13 Journalisten ermordet. Daneben wurde noch eine größere Anzahl Journalisten bei Anschlägen verletzt. In vielen Fällen wurden die Täter nicht gefasst. Auffällig ist, dass viele der Getöteten entweder über Korruptionsfälle in Wirtschaft und Politik berichtet hatten oder über den Tschetschenienkonflikt.

3. Die russische Innenpolitik

Die Präsidentschaft Boris Jelzins

Am 31.12.1990 löste sich die Sowjetunion offiziell auf. Auf dem Kreml wurde die sowjetische Flagge eingeholt und statt ihrer die russische Fahne gehisst. Mit diesem symbolischen Akt wurde das formelle Ende des sowjetischen Staates besiegelt. Im Prinzip zeichnete sich das Ende schon mit dem Scheitern des Putsches konservativer kommunistischer Kader im August 1990 und der anschließenden Entmachtung des Generalsekretärs der Kommunistischen Partei der Sowjetunion, Michail Gorbatschow, durch den Präsidenten der russischen Teilrepublik, Boris Jelzin, ab.

Jelzin hatte schon seit längerem die Auflösung der Sowjetunion und die Wiedererrichtung des russischen Nationalstaates angestrebt. Die unglückliche Rolle Gorbatschows beim August-Putsch und Jelzins gleichzeitiger erfolgreicher Widerstand gegen die Putschisten, gaben Jelzin die Machtmittel, um ohne größeren Widerstand die KPdSU (Kommunistische Partei der Sowjetunion) auf dem Gebiet der russischen Teilrepublik zu verbieten. Anfang Dezember 1991 erklärte Jelzin, zusammen mit seinen Amtskollegen aus der Ukraine und Weißrussland, die Auflösung der Sowjetunion.

Jelzin Amtszeit war von Anfang an durch große wirtschaftliche und politische Probleme gekennzeichnet. In der Zeit seiner Präsidentschaft ging das Bruttosozialprodukt von Jahr zu Jahr zurück, bis es schließlich nur noch die Hälfte seines früheren Wertes erreichte. Es kam zu einer ernsten Versorgungskrise und die Bürger standen beim Einkauf oft vor vollkommen leeren Regalen. Die weitgehende Freigabe der Preise im Januar 1992 hatte katastrophale Folgen für die Bevölkerung. Es kam zu einer massiven Inflation, bei der innerhalb eines Jahres die

Preise bis zum Achtzehnfachen stiegen. Im Parlament wuchs der Widerstand gegen die Folgen dieser wenig durchdachten Reformpolitik. Zwar konnten bis 1994 eine Vielzahl der zur Privatisierung anstehenden Großbetriebe in private Hand überführt werden, doch es kam in dieser Zeit auch zur Entstehung einer neuen Klasse: die Oligarchen waren die Gewinner der Privatisierung. Viele der Oligarchen waren in der Wahl ihrer Mittel wenig rücksichtsvoll. Bestechung war an der Tagesordnung und einige Oligarchen schreckten selbst vor schweren Straftaten bis hin zu Mord nicht zurück, um in den Besitz lukrativer Unternehmen zu kommen. Parallel dazu verarmten große Schichten der Bevölkerung.

1995 wurde eine zweite Privatisierungsphase eingeleitet, bei der viele Unternehmen der Schwerindustrie und des Energiesektors an Kapitalgruppen, oft im Besitz von Oligarchen, verpfändet wurden. Im Gegenzug boten diese der Regierung Kredite an. 1998 geriet Russland abermals in eine schwere Finanzkrise. Infolge dieser Krise kam es zu einem massiven Kapitalabfluss aus Russland und einem Verfall des Rubelwertes um 60 Prozent. Viele Geschäftsbanken mussten Konkurs anmelden, da sie Kredite in Fremdwährungen nicht weiter bedienen konnten.

Die oben beschriebenen negativen Auswirkungen der Reform- und Wirtschaftspolitik unter Jelzin führten dazu, dass sich im Parlament Widerstand gegen die Politik der Regierung bildete. Mit einem Dekret erklärte Jelzin die Auflösung der Volksversammlung im September 1993. Daraufhin verkündete das Parlament die Absetzung des Präsidenten. Jelzin antwortete mit militärischer Gewalt gegen das Parlament und dessen zum Teil bewaffneten Anhänger. Dabei kamen über Hundert Menschen zu Tode. In der politischen Literatur ist umstritten, ob der massive Militäreinsatz und die Bombardierung des Parlamentes durch das Militär, angesichts der Gewalttätigkeit von radikalen nationalistisch-kommunistischen Kräften auf Seiten der Parlamentsanhänger, gerechtfertigt waren.

Im Dezember 1993 wurde durch Volksabstimmung eine neue Verfassung beschlossen, die die Rechte und Befugnisse des Präsidenten erweiterte. So ernennt und entlässt jetzt der Präsident die Regierungsmitglieder ohne Zustimmung der Duma, des Parlamentes. Nur bei der Ernennung des Ministerpräsidenten bedarf es noch der Zustimmung des Parlamentes. Der Präsident kontrolliert die Exekutive und kann zugleich Dekrete erlassen, die allerdings nicht im Widerspruch zur Verfassung stehen dürfen. Die neue Verfassung gibt dem Präsidenten so viel Macht, dass eine wirksame Kontrolle durch das Parlament und das Volk kaum noch möglich ist.

Bei der parallel zur Verfassungsabstimmung durchgeführten Parlamentswahl waren die nationalistischen Liberaldemokraten und die Kommunisten die Gewinner, die beide die Politik Jelzins ablehnten. 1994 marschierten russische Truppen in die, zur russischen Föderation gehörende und nach Unabhängigkeit strebende, Teilrepublik Tschetschenien ein. Damit begann der erste Tschetschenienkrieg.

Die Popularität Jelzins in der Bevölkerung sank weiter und seine Wiederwahl als Präsident im Sommer 1996 war nur durch eine sehr aufwändige Wahlkampagne möglich. Diese wurde von den führenden Oligarchen des Landes finanziert, die einen Wahlsieg des kommunistischen Kandidaten Sjuganow befürchtet hatten.

Der Sturz des Ministerpräsidenten Tschernomyrdin im März 1998 und die Finanzkrise im Sommer des gleichen Jahres schufen eine erneut sehr instabile politische Situation. Innerhalb kurzer Zeit wechselten sich mehrere Ministerpräsidenten im Amt ab, die von Jelzin berufen wurden und nach teilweise sehr kurzer Zeit wieder entlassen wurden. Jelzin wirkte angesichts der großen wirtschaftlichen und politischen Krise im Land zunehmend hilflos. Zudem war auch der gesundheitliche Zustand des Präsidenten angeschlagen. In der Öffentlichkeit gab es Gerüchte über Herzprobleme Jelzins, die ihn daran hinderten sein Amt auszuüben. Zudem wurde über eine Alkoholsucht des Präsidenten spekuliert.

Die Präsidentschaft Wladimir Putins

Im Sommer 1999 ernannte Jelzin schließlich den Vorsitzenden des russischen Sicherheitsrates, Wladimir Putin, zum Ministerpräsidenten. Die Wahl war auch deshalb auf Putin gefallen, weil ihm eine eigene „Hausmacht" fehlte. Zudem hatte sich Putin zuvor immer sehr loyal zu Jelzin und dessen Familie verhalten. In seiner kurzen Amtszeit als Ministerpräsident erfüllte Putin auch weitgehend die Vorgaben Jelzins. So war es fast folgerichtig, dass Jelzin bei seinem Rücktritt Ende Dezember 1999 Putin zu seinem Nachfolger als Präsident ernannte. Genau zu Beginn des neuen Jahrtausends, zum 01.01.2000, trat Putin sein Amt als russischer Präsident an.

Putin hatte in der sowjetischen Zeit im KGB gearbeitet und hatte einige Jahre als KGB-Offizier in Dresden gelebt. Nach dem Ende der Sowjetunion arbeitete Putin in der Administration von Sankt Petersburg. Dort war er mehrere Jahre Stellvertreter des liberalen Bürgermeisters Anatoli Sobtschak. Später wurde Putin in die Kreml Administration berufen, um schließlich im Juli 1998 zum Direktor des Inlandsgeheimdienstes FSB und im März 1999 zum Vorsitzenden des russischen Sicherheitsrates berufen zu werden.

Der zweite Tschetschenienkrieg

Bereits in Putins Zeit als Ministerpräsident im Herbst 1999 ereigneten sich schwere Terroranschläge in mehreren russischen Städten. Die Anschläge wurden tschetschenischen Terroristen angelastet (ohne dass dafür eindeutige Beweise erbracht wurden). Daraufhin überschritten russische Einheiten die Grenze zu Tschetschenien, aus dem sich die russischen Truppen nach dem ersten Tschetschenienkrieg zurückgezogen hatten. Die raschen Erfolge der russischen Armee festigten Putins Stellung im Machtgefüge Russlands.

Allerdings reagierten die tschetschenischen Kämpfer mit Terrorattacken gegen die russische Zivilbevölkerung. Besonders die Geiselnahmen im Musical „Nord-Ost" in Moskau und in der kaukasischen Stadt Beslan forderten viele Opfer. Bei der Erstürmung des Musicals durch Spezialtruppen kamen 129 Geiseln und 41 der tschetschenischen Geiselnehmer ums Leben. Bei der Geiselnahme in Beslan in der Teilrepublik Ossetien kamen über 300 Menschen um Leben. In beiden Fällen wurde den Sicherheitskräften mangelnde Professionalität bei den unglücklich verlaufenen Befreiungsaktionen vorgeworfen.

In den ersten Jahren seiner Präsidentschaft profitierte Putin von einem stark anziehenden Wirtschaftswachstum in Russland. Dazu trugen zum einen die steigenden Öl- und Gaspreise und zum anderen auch wachsende internationale Investitionen in Russland bei.

Verstärkte politische Kontrolle der Regionen

In den ersten Jahren seiner Präsidentschaft war es erklärtes Ziel Putins, die innere Stabilität der Russischen Föderation zu verbessern und innenpolitische Reformen voran zu bringen. Allerdings dienten diese Reformen vor allem dem Ausbau der Zentralmacht, zugleich wurden die Rechte der Regionen reduziert. So wurde die Russische Föderation in erst sieben und später acht Föderationskreise unterteilt (2010 wurde der Nordkaukasus aus dem Föderationskreis Südrussland ausgegliedert und ein eigenständiger Föderationskreis). Diese haben die Aufgabe mehrere Regionen zusammenzufassen und der direkten Kontrolle der Regierung zu unterstellen. Die Leiter der Föderationskreise werden vom Präsidenten ernannt. Es handelt sich dabei überwiegend um Politiker, die Putin entweder persönlich nahestehen bzw. seine Politik vorbehaltlos unterstützen.

Unterhalb der Föderationskreise befinden sich die sogenannten Föderationssubjekte. Zu ihnen gehören in erster Linie die 46 Oblast und die 21 nationalen Republiken. Die nationalen Republiken sind Gebiete, in denen oft nichtrussische Minderheiten die Mehrheit der Bevölkerung stellen. Die nationalen Republiken besitzen meist eine eigene Verfassung und etwas mehr Gesetzgebungskompetenz als die Oblast und werden, anders als die Oblast, nicht von Gouverneuren, sondern von Präsidenten regiert.

Bis zum Jahr 2005 wurden sowohl die Gouverneure als auch die Präsidenten der Republiken direkt von der Bevölkerung gewählt. Dadurch wurden zum Teil Politiker an die Spitze gewählt, die eine eigenständige Politik gegenüber dem Kreml vertraten. So hatte zum Beispiel die ölreiche und relativ wohlhabende Republik Tartastan, die an der mittleren Wolga liegt, in den 90er-Jahren gegenüber der Zentrale in Moskau in vielen Bereichen unabhängige Positionen vertreten.

Seit 2005 werden die Gouverneure und Präsidenten der Oblast und nationalen Republiken nicht mehr direkt von der Bevölkerung gewählt, sondern von den regionalen Parlamenten, in denen oft die Regierungspartei „Edinaja Rossija" (Einiges Russland) die Mehrheit hat. Zudem werden die jeweiligen Kandidaten vom Präsidenten vorgeschlagen.

Dadurch hat nun die Zentrale in Moskau wieder mehr direkten Einfluss auf die einzelnen Föderationssubjekte. Separatistische Bestrebungen, die in einigen Teilen Russlands durchaus eine Gefahr für die Einheit des Landes darstellen, sind in den letzten zehn Jahren schwächer geworden, wenn man vom Sonderfall Nordkaukasus absieht. Zugleich besteht aber die Gefahr, dass Kandidaten nicht mehr nach Kompetenz und Vertrautheit mit den Problemen des jeweiligen Gebietes ausgesucht werden, sondern nach dem Grad an politischer Gefolgschaft gegenüber Putin.

Eine besondere Stellung nimmt die Region Kaliningrad in der Russischen Föderation ein. Die Exklave hat keine direkte Anbindung an das Mutterland und grenzt an die EU Staaten

Litauen und Polen. In Kaliningrad war die wirtschaftliche Lage in den 90er-Jahren des vorigen Jahrhunderts besonders schwierig. Seit Putins Amtsantritt floss viel staatliches Kapital in die Region. Damit sollte auch die weitere Zugehörigkeit Kaliningrads zu Russland unterstrichen werden. Als in der Finanzkrise 2008 die Transferzahlungen nach Kaliningrad stark reduziert wurden, kam es zu Massenprotesten in der Region. Daraufhin setzte Moskau den Gouverneur Kaliningrads ab (Alexander Rahr „Der kalte Freund", München, 2011, Seite 186).

Putin und die Oligarchen – Konflikt und Kooperation

Neben dem Ausbau der administrativen Macht der Zentrale verbreitete Putin seinen Einfluss auch durch das Vorgehen gegen die Oligarchen. Die Oligarchen hatten unter Jelzin nicht nur wirtschaftlich eine starke Position erlangt, sondern auch politisch großen Einfluss erworben. Putin war die mächtige Stellung einzelner Oligarchen schon frühzeitig suspekt, da sie nach seiner Auffassung zu großen Einfluss auf die russische Politik hatten. So entmachtete er den einflussreichen Medienoligarchen Wladimir Gussinskij und später auch Boris Beresowskij, die beide ins ausländische Exil gingen. Aber vor allem die Entmachtung und Verurteilung Michail Chodorkowskis erregte international Aufsehen (näheres dazu im Kapitel Menschenrechte und Justiz).

Auffällig ist aber auch, dass Putin nur gegen die Unternehmer vorgeht, die sich politisch nicht im Sinne der Regierung betätigen oder Zuwendungen an oppositionelle Parteien und Bewegungen leisten. Diese Politik vermittelt den Eindruck, dass Putin und die Regierung nicht prinzipiell die wirtschaftliche Machtstellung der Oligarchen angreifen wollen. Solange sich ein Oligarch unpolitisch verhält oder die Regierung unterstützt, droht ihm, zumindest von Seiten des Kreml, keine Gefahr. Allerdings werden von Putin und der

Regierung auch finanzielle Leistungen der Oligarchen für den Staat erwartet. Beispielhaft sei hierfür die Ernennung Roman Abramowitschs zum Gouverneur der russischen Fernostprovinz Tschukotka genannt. Abramowitsch steckte viel privates Geld in die Modernisierung der abgelegenen Region (Izvestija, Juni 2005).

Die zweite Amtszeit Putins

Im März 2004 wurde Putin mit 71 Prozent der Wählerstimmen als Präsident im Amt bestätigt. Als Platz zwei folgte der Kandidat der Kommunistischen Partei Nikolai Charitonow mit 15 Prozent Prozent. Zu diesem Zeitpunkt genoss Putin sehr große Popularität in Russland, womit sich sein Wahlerfolg erklären lässt. Bei dieser Direktwahl gab es von unabhängigen Wahlbeobachtern keine Vorwürfe in Bezug auf mögliche Wahlfälschungen. Allerdings wurde die einseitige Berichterstattung in vielen russischen Medien im Vorfeld der Wahl kritisiert.

In seiner zweiten Amtszeit appellierte Putin verstärkt an das Nationalgefühl der russischen Bürger und gelangte auch zu einer Neubewertung der Sowjetunion. Mit seiner Aussage in einer Rede vor der Duma, dass der Untergang der Sowjetunion „die größte geopolitische Katastrophe des 20. Jahrhunderts" gewesen sei, rückte er auch von der eher kritischen Sichtweise der sowjetischen Politik ab, die noch die Regierungszeit Boris Jelzins geprägt hatte.

In Teilen der russischen Öffentlichkeit entwickelte sich eine nostalgische Stimmung in Bezug auf die Sowjetunion. Zum Teil wird dabei auch die Sichtweise Josef Stalins und seiner Politik einer Revision unterzogen und seine Verdienste als „Verteidiger des Vaterlands" werden hervorgehoben. Putin hielt sich in seinen Reden grundsätzlich in Bezug auf die Einschätzung Stalins zurück und nannte die Liquidierungen dieser Zeit „nicht hinnehmbar". Andererseits sprach

Putin von Stalin aber auch als „einem effektiven Führer und Manager". Sein Nachfolger im Amt in den Jahren 2008 bis 2012 , Dimitri Medwedew, verurteilte die Säuberungen der Stalinzeit deutlicher: „Die Liquidierung einer gewaltigen Zahl von Sowjetbürgern, unter welchen Vorwänden auch immer, war ein Verbrechen. Deswegen kann es auch keine Rehabilitierung jener Leute geben, die daran beteiligt waren." (Der Spiegel 9.5.2010)

In seiner zweiten Amtszeit gelang es Putin seine Macht weiter zu festigen. So entließ Putin bereits kurz vor seiner Wiederwahl den Ministerpräsidenten Michail Kasjanow, dessen Nachfolger der Wirtschaftsexperte Fradkow wurde. Kasjanow galt, ebenso wie der Ende 2003 zurückgetretene Leiter der Präsidialadministration, Alexander Woloschin, als Vertrauter Jelzins. Mit dem Abgang dieser beiden Politiker hatte die einst so einflussreiche Jelzin Familie, die Putin an die Macht gebracht hatte, jeglichen politischen Einfluss verloren.

Zur Stärkung der Position Putins trug auch das hohe Wirtschaftswachstum bei. Anders als in den 90er-Jahren profitierten jetzt auch die mittleren und, in schwächeren Maße, die unteren Schichten der Bevölkerung vom Aufschwung. Die Arbeitslosigkeit ging zudem weiter zurück. Im sozialen Bereich gab es einige Reformen, die allerdings nicht immer auf Zustimmung stießen. So kam es im Sommer 2004 zu landesweiten Protesten gegen die Abschaffung des kostenlosen Nahverkehrs und der kostenfreien Krankenhausbehandlung für Invaliden und Rentner.

Die Präsidentschaft Dimitris Medwedews

Am Ende seiner zweiten Amtszeit stand Putin vor dem Problem, dass der Präsident laut der russischen Verfassung nur maximal zwei Wahlperioden nacheinander im Amt bleiben kann. Von Teilen der regierungstreuen Medien und der Öffentlichkeit wurde Putin angetragen die Verfassung dahingehend zu ändern, dass der Präsident maximal 12 statt 8 Jahre durchgehend im Amt bleiben kann. Putin schreckte jedoch vor diesem Eingriff in die russische Verfassung zurück. Stattdessen kürte er Dimitri Medwedew zum Präsidentschaftskandidaten der Partei „Edinaja Rossija" (Einiges Russland).

Putin kannte Medwedew schon aus ihrer gemeinsamen Arbeit in der Petersburger städtischen Administration. Medwedew war von Sommer 2002 bis Juni 2008 Aufsichtsratsvorsitzender des Gazprom Konzerns. Im März 2008 wurde Medwedew bei der Präsidentschaftswahl mit 70 Prozent der Stimmen zum Präsidenten gewählt. Allerdings wurden bei dieser Wahl von Beobachtern wesentlich mehr Manipulationsvorwürfe erhoben als noch bei der Präsidentschaftswahl im Jahr 2004.

Medwedew versuchte, zu Beginn seiner Präsidentschaft etwas andere Akzente als Putin zu setzen. Medwedew unterstrich die Notwendigkeit einer stärkeren Bekämpfung der Korruption und einer größeren Medienfreiheit, er wollte die Wirtschaft modernisieren und den Einfluss des Staates auf die Wirtschaft schwächen. Doch seit dem Ausbruch der weltweiten Wirtschafts- und Finanzkrise im Herbst 2008 war Medwedew vor allem mit der Bewältigung der Folgen der Krise beschäftigt, die Russland hart getroffen hatte. Die Regierung stützte angeschlagene Unternehmen durch Darlehen und Kreditgarantien. Gleichzeitig wurden die Renten, die Arbeitslosenunterstützung und die Gehälter im öffentlichen Dienst angehoben, um so den privaten Verbrauch wieder zu beleben. Die Zentralbank senkte mehrere Male hintereinander die Leitzinsen.

Außenpolitisch war Medwedews Präsidentschaft durch den Georgien Krieg überschattet (Näheres dazu im Kapitel Außenpolitik). Auch im Nordkaukasus trat keine wirkliche Beruhigung der Lage ein. Es kam immer wieder zu Anschlägen, nicht nur im Kaukasus sondern auch in anderen Teilen Russlands. Die Anschläge auf einen Expresszug zwischen Moskau und Petersburg im November 2009 und auf die Moskauer U-Bahn im März 2010 sollten Druck auf die russische Regierung ausüben, ihre Truppen aus Tschetschenien abzuziehen.

Es gelang Medwedew in den vier Jahren seiner Präsidentschaft nicht, seine eigene Hausmacht im Kreml wirklich zu stärken. In der Administration des Kremls und in vielen Ministerien dominierten weiterhin die sogenannten „Silowiki", also Beamte mit Herkunft aus dem Militär und den Geheimdiensten, die insgesamt Putin näher stehen als Medwedew. Medwedew stützte sich dagegen vor allem auf die liberalen Kräfte, wobei die russischen Liberalen oft mehr wirtschaftsliberale als klassische rechtsstaatliche Positionen vertreten. In einigen Bereichen, zum Beispiel bei der Korruptionsbekämpfung und der wirtschaftlichen Liberalisierung, standen Medwedews Initiativen den Interessen der „Silowiki" diametral entgegen (Kommersant, April 2010). Aufgrund dieser Machtkonstellation blieben etliche von Medwedews Reformbemühungen in den Anfängen stecken. Es war dabei nicht immer klar, wie eigenständig Medwedew überhaupt handelte oder ob er einfach nur Vorgaben von Putin umsetzte.

Putins Rückkehr in das Amt des Präsidenten

Am Ende von Medwedews Amtszeit stellte sich für Putin das Problem, das er eigentlich selbst wieder die volle politische Kontrolle im Land ausüben wollte. Daher musste er vom Amt des Ministerpräsidenten in das Präsidentenamt zurück wechseln, das mit einer größeren Machtfülle ausgestattet ist.

Es war Medwedew selbst, der schließlich im September 2011 auf einem Parteitag von „Edinaja Rossija" Putin als seinen Nachfolger vorschlug. Mit dem Ämtertausch wurden die politischen Kräfte in Russland endgültig enttäuscht, die sich von Medwedew politische und wirtschaftliche Reformen versprachen. Medwedew erklärte die Entscheidung damit, dass Putin über eine höhere Autorität im Volk verfüge als er.

Der Ämtertausch stieß von Anfang an in Teilen der russischen Gesellschaft auf massive Kritik. Es kam zu Demonstrationen und bei der Duma-Wahl im Dezember 2011 stürzte „Edinaja Rossija" von 63 Prozent der Stimmen im Jahr 2007 auf nur noch 49,3 Prozent ab. Die Kommunisten und die sozialliberale Partei „Gerechtes Russland" konnten deutlich zulegen. Die Duma Wahlen waren ebenso wie die folgenden Präsidentschaftswahlen, bei denen Putin mit 63,6 Prozent der Stimmen wieder gewählt wurde, von massiven Betrugsvorwürfen unabhängiger Beobachter wie der russischen Nichtregierungsorganisation „Golos" überschattet.

In den starken Verlusten von Edinaja Rossija kam ein wachsender Unmut der Bevölkerung mit der Politik der Regierung zum Ausdruck. Insbesondere in den großen Städten und bei Vertretern der Mittelschichten hat die Regierungspartei an Zustimmung verloren. Es kam zu großen Demonstrationen in Moskau und einigen anderen Städten des Landes. Von Teilen der Opposition wurde „Edinaja Rossija" als „Partei der Gauner und Diebe" bezeichnet. Der Vorwurf der Wahlmanipulationen wurde von der Regierung zurückgewiesen. Das Putin nie Mitglied von „Edinaja Rossija" geworden ist, zeigt aber auch, dass er nicht ganz mit dieser Partei und ihrem in Teilen der Bevölkerung eher negativen Ansehen identifiziert werden will. In Umfragen ist Putins Popularität stets höher als die Zustimmung für die Partei „Edinaja Rossija".

Ende des Jahres 2013 ist die weitere innenpolitische Entwicklung Russlands unklar. Putin hat sich im Amt behauptet und die großen Demonstrationen des Winters 2011/2012 sind Vergangenheit. Die Lage im Land ist recht ruhig, doch die Ursachen für die Unzufriedenheit vieler Bürger sind nicht beseitigt worden. Die Korruption auf fast allen Ebenen der Gesellschaft, insbesondere in Verwaltung und Politik, ist weiterhin hoch. Eine Modernisierung der Wirtschaft ist nur in wenigen Bereichen gelungen und gleichzeitig schwächt sich das Wirtschaftswachstum ab. Ansätze zu einer Demokratisierung des politischen Systems im Sinne einer tatsächlichen

Gewaltenteilung und zu einer stärkeren Beteiligung der Bürger an politischen Prozessen sind kaum vorhanden. Zugleich ist das System zu stark auf die Person Putin zugeschnitten und eine Nachfolgeregelung für ihn bisher nicht erkennbar.

Noch zehrt Putin von seinen Verdiensten in den ersten 8 Jahren seiner Präsidentschaft bei der Stabilisierung des Landes und der deutlichen Verbesserung der Lebensbedingungen breiter Bevölkerungsschichten. Aufgrund dieser Fortschritte haben große Teile der russischen Gesellschaft lange Missstände in Politik und Verwaltung schweigend hingenommen. Es fand ein allgemeiner Rückzug ins Privatleben statt.

Doch schon bei den Kommunalwahlen im Herbst 2013 gab es einige bemerkenswerte Erfolge oppositioneller Parteien und Kandidaten. Insbesondere der Achtungserfolg des Putin Kritikers Nawalny bei den Bürgermeisterwahlen in Moskau erregte Aufsehen.

Das russische Parteiensystem

Mit der Gründung der Partei Edinaja Rossija (Einiges Russland) im Dezember 2001 verfügte Putin über eine exklusive Machtbasis im Parteienspektrum, da Edinaja Rossija ganz auf die Person Putin zugeschnitten ist. Die Ausstrahlungs- und Mobilisierungskraft der Partei war von Anfang an fast vollständig vom Präsidenten abhängig. Die Wähler rekrutierten sich zu Anfang besonders aus der russischen Mittelklasse. Mit zunehmender Dauer der Präsidentschaft Putins verlagerte sich ein Teil Anhängerbasis der Partei in die ärmeren Schichten und die ländliche Bevölkerung. Diese Gruppen, die Reformen kritisch gegenüber stehen, sympathisieren mit der eher konservativen, radikale wirtschaftliche Reformen ablehnenden und auf einen gewissen sozialen Ausgleich bedachten Politik Putins (wobei hier „sozialer Ausgleich" nicht eine Sozialpolitik im deutschen Sinne bedeutet).

Auch die Betonung nationaler Werte und Traditionen und das Bestreben Putins, Russlands Stellung als Großmacht im internationalen Machtgefüge zu sichern, erhalten bei diesen Wählerschichten viel Zustimmung. Dies hängt auch damit zusammen, dass es in diesem Teil der Bevölkerung vor allem unter älteren Menschen eine „Sowjetnostalgie" gibt, da ihnen die Sowjetunion eine umfassende soziale Sicherung bot, wenngleich meist auf einem niedrigen wirtschaftlichen Niveau.

Diese Verschiebung im Wählerpotential hat dafür gesorgt, dass nun die größte Oppositionspartei, die Kommunisten, mit „Edinaja Rossija" in den Wählerschichten der unteren Mitte und Teilen der ärmeren und ländlichen Bevölkerung konkurrieren. Hier verfügt die Kommunistische Partei zwar über eine relativ sichere Basis, doch es ist ihr bisher nicht gelungen, dauerhaft auch in anderen Teilen der Bevölkerung Unterstützung zu gewinnen. Zudem hat die Kommunistische Partei Russlands nur knapp 160.000 Mitglieder, von denen viele noch in sowjetischer Zeit in die Partei eingetreten sind. Doch trotz dieser Schwächen haben die Kommunisten bei den letzten Wahlen hinzu gewonnen und haben mit dem Wahlergebnis von 19 Prozent der Stimmen ihr bestes Ergebnis seit 1999 bei einer Dumawahl erzielt. Viele Protestwähler hatten diesmal die Kommunistische Partei gewählt.

Wesentlich schwieriger ist die Situation der liberalen Parteien. Die einst führende Partei dieses Spektrums, die Partei „Jabloko" (Apfel), ist in der Ära Putin zur Bedeutungslosigkeit herab gesunken. Neue Partei Gründungen wie die Union rechter Kräfte, eine gleichfalls liberale Partei, hatten zwischenzeitlich Erfolge, spielen aber aktuell kaum noch eine Rolle in der russischen Politik. Dem liberalen Spektrum fehlte in den letzten zehn Jahren eine Führungsfigur, die in der Lage war, die zersplitterten Kräfte dieses Lagers zu einigen.

Es ist Putin gelungen zu verhindern, dass sich auf der Rechten eine ernsthafte Konkurrenz zu Edinaja Rossija etabliert. Die nationalistische liberaldemokratische Partei, die

LDPR, konnte in den 90er-Jahren einige Erfolge erzielen. Sie bildete damals eine radikale Opposition gegen die marktwirtschaftlichen Reformen Jelzins und seine, von der LDPR als zu prowestlich empfundene, Außenpolitik. Ihr Führer Wladimir Schirinovskij polarisierte die russische Bevölkerung stark mit seinen provozierenden Auftritten im russischen Fernsehen. In den letzten Jahren hat die LDPR aber im russischen Parlament, der Duma, vielfach mit der Regierungspartei „Edinaja Rossija" gestimmt. Schirinovskij sympathisiert im Besonderen mit Putins Großmachtpolitik, seiner Skepsis gegenüber dem Westen und seiner Ablehnung radikaler wirtschaftlicher Reformen. Der Wähleranteil der LDPR betrug bei den Dumawahlen seit 1999 immer zwischen 6-12 Prozent. Andere rechtspopulistische Parteien waren oft kurzlebig und konnten keine größeren Wahlerfolge erzielen.

Zusammenfassend lässt sich sagen, dass es im russischen Parlament bisher kein ernsthaftes Gegengewicht zu „Edinaja Rossija" gibt. Die Opposition ist relativ schwach und zugleich zerstritten. Edinaja Rossija hat zwar mit den Wahlen 2011 seine bisherige Zwei Drittel Mehrheit im Parlament verloren, doch verfügt die Partei immer noch über eine absolute Mehrheit in der Duma. Gleichzeitig stimmen wichtige Oppositionsparteien wie die LDPR und, in geringerem Maße, auch die Kommunistische Partei bei Abstimmungen oftmals mit dem Regierungslager. So ist es kein Zufall, dass sich die Opposition gegen Putin und die Regierung zum Teil auf die Straße verlagert hat.

Die außerparlamentarische Opposition gegen Putin

Im Anschluss an die Parlamentswahlen vom Dezember 2011 kam es zu den größten Demonstrationen in der jüngeren russischen Geschichte. Bei einer Demonstration in Moskau am 10.12.2011 nahmen über 100.000 Menschen teil. Die

Demonstranten warfen der Regierung massive Wahlfälschungen vor. Vielfach wurde der Rücktritt Putins und der Regierung gefordert. Daneben gab es Forderungen nach Neuwahlen, der Freilassung aller politischen Gefangenen und nach einem neuen Wahlgesetz (Frankfurter Rundschau, 10.12.2011)

Zu den Protesten hatte ein breites Bündnis aus unterschiedlichen Parteien und Bewegungen aufgerufen. So waren bekannte Oppositionspolitiker wie Boris Nemzow, Vize Ministerpräsident unter Jelzin, Michail Kassjanow, von 2000 bis 2004 russischer Ministerpräsident, der frühere Schachweltmeister Garri Kasparow und der Blogger und Polit Aktivist Alexei Nawalny vertreten. Bei den Parteien reichte das Bündnis von Teilen der Kommunistischen Partei über die liberale Partei Jabloko bis hin zur rechtsextremen Nationalbolschewistischen Partei. Die Demonstrationen dauerten bis in den Mai 2012 an, um dann langsam abzuebben. Zwar erklärte Präsident Putin, dass „jeder Bürger das Recht hat, seine Meinung zu äußern", doch letztendlich war die russische Führung zu keinerlei Zugeständnissen gegenüber den Demonstranten bereit.

Eine politische Folge der Demonstrationen war allerdings auch, dass die russische Opposition den Politaktivisten Alexei Nawalny an die Spitze eines neu geschaffenen Koordinierungsrates wählte. Nawalny hatte sich Verdienste bei der Aufklärung mehrerer Korruptionsskandale erworben, über die er in seinem Internetblog berichtete.

Allerdings wurde Nawalny auch wiederholt der Sympathie für nationalistische Kräfte in Russland beschuldigt. So nahm er in der Vergangenheit am „Russischen Marsch" teil, einer Demonstration rechtsextremer und nationalistischer Gruppen in Moskau (Berliner Zeitung, 4.11.13). Bei der Moskauer Bürgermeisterwahl im September 2013 trat Nawalny persönlich an und erreichte mit 27 Prozent der Stimmen ein erstaunlich gutes Ergebnis. Zuvor war gegen ihn eine Haftstrafe wegen Veruntreuung ausgesprochen worden, die aber im Oktober 2013 zur Bewährung ausgesetzt wurde.

Nawalny ist in den letzten zwei Jahren zu einem der führenden Oppositionspolitiker geworden. Navalnys Fähigkeit Menschen aus verschiedenen Gesellschaftsschichten und unterschiedlichen politischen Lagern hinter sich zu vereinen, machen ihn als Gegner für Putin gefährlicher als andere Oppositionspolitiker.

Auch die politische Erfolgslosigkeit der Massendemonstrationen des Winters 2011/2012 scheinen Navalnys Popularität in den Reihen der Opposition nicht geschadet zu haben. Ob es ihm gelingen kann, die Zersplitterung der russischen Opposition auf Dauer zu beenden, ist jedoch sehr unsicher. Zudem bietet die Uneinigkeit der Opposition der Regierung immer wieder Angriffspunkte.

4. Wirtschaft und Wirtschaftspolitik in Russland

Mit dem Zusammenbruch der Sowjetunion geriet Russland in eine massive wirtschaftliche Krise. Der Bankrott vieler vormals staatseigner Unternehmen, Massenarbeitslosigkeit und die Verarmung breiter Bevölkerungsschichten prägten den Zustand der russischen Volkswirtschaft in den 90er-Jahren des vorigen Jahrhunderts. Um das Jahr 2000 begann der Wiederaufstieg Russlands als Wirtschaftsnation. Durch zeitweise sehr hohe Wachstumsraten stieg das BIP pro Kopf von 2.000 Dollar auf 13.800 Dollar (IMF, Okt. 2012). Zwar bedeutete die Krise der Jahre 2008 und 2009 einen tiefen Einbruch für die russische Wirtschaft, doch in den Jahren 2010 bis 2012 erzielte diese bereits wieder Wachstumsraten von über 4 Prozent. Im Jahr 2013 wird das Wachstum aber niedriger ausfallen, was nicht zuletzt auch auf den leicht gesunkenen Ölpreis zurückzuführen ist. Die Prognosen für 2013 liegen im Bereich zwischen 1,5 bis 3 Prozent.

Zwar traf die Krise der Eurozone auch Russland, das mit der EU intensiv Handel betreibt, allerdings nicht so hart wie viele andere europäische Länder. Nach einer Studie von Goldman Sachs wird Russland im Jahr 2030 zu den fünf größten Volkswirtschaften der Erde gehören. Russland bleibt aufgrund der sehr starken Konzentration auf Rohstoffe im Export relativ verwundbar, sodass Prognosen über die wirtschaftliche Zukunft des Landes unsicher sind, da stark von den Schwankungen auf den Rohstoffmärkten abhängig.

Die russische Staatsverschuldung ist sehr niedrig, gerade auch im internationalen Vergleich. So betrug die Gesamtstaatsverschuldung der russischen Föderation im Jahr 2011 nur 10 Prozent des BIP, während diese beispielsweise in

Indien und Brasilien über 60 Prozent des BIP lag. Für das Jahr 2013 wird für Russland eine Verschuldung von etwa 12 Prozent des BIP prognostiziert.

Auch das Haushaltsdefizit war mit 0,8 Prozent im Jahr 2011 vergleichsweise niedrig. In den letzten Jahren sind bei der Verschuldung aber Steigerungstendenzen erkennbar, da die russische Fiskalpolitik auf die Jahre 2008 und 2009 antizyklisch reagierte - unter anderem durch eine Erhöhung der staatlichen Sozialleistungen (Russland-Analysen Nr. 234, Februar 2012).

Die staatlichen Reservefonds der russischen Föderation wurden durch die Maßnahmen zur Stützung der Wirtschaft in der Finanzkrise reduziert. So betrugen die Einlagen der Fonds vor der Krise noch 600 Milliarden Dollar und schrumpften dann durch das Programm zur Stützung der Wechselkurse und sozialpolitische Maßnahmen auf nur noch 250 Milliarden Dollar. In den Jahren 2010 bis 2012 profitierten die Fonds allerdings stark von den steigenden Energiepreisen.

Die kräftige Erhöhung verschiedener Etats in den vergangenen Jahren, zum Beispiel für Bildung und Verteidigung, wirkt sich negativ auf die Stabilität der russischen Staatsfinanzen aus. Belastet wird der russische Staatshaushalt durch die Durchführung der Winterolympiade 2014 und der Fußball-WM 2018. Bisher verfügte Russland noch über einen deutlichen Leistungsbilanzüberschuss, doch es ist eine Absenkung dieses Überschusses zu erwarten, da die Importe weiter ansteigen und das Exportwachstum begrenzt ist.

Nach dem Jahr 2008 schwächte sich der ausländische Kapitalstrom nach Russland ab. Seitdem nimmt dieser wieder zu, doch das Niveau vor Beginn der Krise wird bis jetzt nicht wieder erreicht. Bemerkenswert ist, dass Zypern, die Niederlande und Luxemburg zu den größten ausländischen Investoren in Russland gehören. Da es sich hierbei zu einem großen Teil um Firmen russischer Eigentümer mit Registrierung im Ausland handelt, ist anzunehmen, dass dies oftmals Fluchtkapital ist, das wieder nach Russland zurückkehrt.

Die Registrierung russischer Firmen im Ausland hat nicht nur steuerliche Gründe, sondern zeigt auch ein gewisses Misstrauen der Unternehmer gegenüber dem russischen Staat und dem Rechtssystem des Landes (Russland Analysen Nr. 234, Februar 2012). 38 Prozent der Investitionen erfolgten im Jahr 2011 in den Finanzsektor, ein Viertel in die verarbeitende Industrie, 14 Prozent in die Förderung von Rohstoffen und 12 Prozent in den Handel.

Ausländische Investitionen haben sich in Russland bisher auf einige wenige große Städte des Landes konzentriert - dabei steht Moskau an der Spitze, gefolgt von Petersburg. In den letzten Jahren ist aber immer stärker auch in den Regionen investiert worden, wobei hier besonders die Bezirke Swerdlowsk, Krasnodar, Kaluga und die autonome Republik Tartarstan zu nennen sind. Besonders stark sind auch die Investitionen im Nordwesten Russlands, dem Gebiet Leningrad, gestiegen.

Allerdings ist Moskau mit der umgebenden Region nach wie vor in der russischen Wirtschaft dominant. Die russische Regierung versucht, durch die gezielte Förderung von Investitionen in den russischen Regionen die wirtschaftliche Übermacht der Hauptstadt zu vermindern, doch ist dies bisher nur zum Teil gelungen. Zudem ist die Wirtschaftspolitik in den einzelnen Regionen sehr unterschiedlich. Einige Gebiete haben sich stark um Investitionen bemüht, während Investitionen in anderen Regionen durch die regionale Administration eher behindert wurden. Daher wurde von Seiten der deutsch-russischen Außenhandelskammer auch schon die Forderung erhoben, in den Regionen die Position eines Ombudsmanns einzurichten, der Investoren aktiv unterstützt (Deutsch-Russische AHK, 13. September 2012).

Deutschland wurde vor wenigen Jahren als Investor in Russland von China überholt, doch ist die deutsche Wirtschaft weiterhin in Russland sehr aktiv. So gibt es derzeit 6300 deutsche Unternehmen oder Unternehmen mit deutscher Beteiligung in Russland. Das sind sogar 2000 Unternehmen mehr als vor Beginn des Krisenjahres 2008. Die Handelsbilanz zwischen Russland und Deutschland ist im Jahr 2012 um 6,9 Prozent auf mehr als 80,51 Milliarden Euro gestiegen. Die russischen Lieferungen auf den deutschen Markt sind im vorigen Jahr um 3,8 Prozent auf 42,46 Milliarden Euro gestiegen. Die deutschen Ausfuhren wuchsen im selben Zeitraum um 10,4 Prozent auf 38,1 Milliarden Euro. Damit gehört Russland zu den am schnellsten wachsenden und perspektivreichsten Exportmärkten Deutschlands.

Russland wickelte 2012 etwa die Hälfte seines gesamten Außenhandels mit der EU ab. Damit ist die EU der wichtigste Handelspartner Russlands.

Die gesamte EU importierte im Jahr 2012 Waren im Wert von ungefähr 200 Milliarden Dollar aus Russland, wobei der Großteil der Importe Energie und Rohstoffe waren. Demgegenüber betrug der Export der 27 EU-Staaten nach Russland nur 123 Milliarden Dollar. Besonders gut sind die Exportchancen deutscher Unternehmen im Maschinenbau, dem Automobilsektor und dem Gesundheitssektor (GTAI, Februar 2012).

Russlands Beitritt zur Welthandelsorganisation 2011 hat die Absatzchancen der deutschen und europäischen Unternehmen auf dem russischen Markt weiter erhöht. Russland ist im Rahmen des Beitritts sehr umfassende Pflichten eingegangen. So gibt es für viele Branchen keinerlei Übergangsfristen und Sonderregelungen. Zum Beispiel hatte China bei seinem WTO-Beitritt im Jahr 2001 wesentlich mehr Ausnahmeregelungen ausgehandelt. Die russischen Zollsätze sollen mit dem WTO-Beitritt von derzeit durchschnittlich 10 Prozent auf nur noch 7,3 Prozent im Durchschnitt sinken. Die Industriezölle sollen von knapp 10 Prozent auf den Durchschnittssatz von 6,4 Prozent sinken. Experten rechnen mit einer starken Zunahme der Investitionen in Russland in den kommenden Jahren.

Jedoch gibt es auf russischer Seite auch starke und zum Teil berechtigte Ängste vor den Folgen des WTO-Beitritts. Insbesondere die Wirtschaftsbranchen, die sich bisher kaum dem internationalen Wettbewerb stellen mussten, fürchten sich vor den Konsequenzen der WTO-Mitgliedschaft Russlands. So gibt es von russischer Seite Bestrebungen, die eigene Wirtschaft durch neu errichtete Handelshemmnisse zu schützen - zum Beispiel durch Einführung einer Recyclinggebühr für Importautos. Damit soll die im WTO-Abkommen vorgesehene Senkung der Zölle von 30 auf nur noch 15 Prozent des KFZ-Wertes teilweise kompensiert werden (Die Welt, 21. August 2012). Der Import von Lebensmitteln und Agrarprodukten wird mitunter durch Interventionen der russischen Gesundheitsbehörden behindert. Die WTO wird in den nächsten Jahren aber sicher auf einen weiteren Abbau dieser künstlichen Handelsschranken drängen.

Die russische Wirtschaft ist besonders stark auf die Förderung und den Export von Rohstoffen orientiert. So machen Öl, Erdölprodukte und Gas einen Anteil von etwa 69 Prozent an den russischen Exporten aus. Metalle stellen weitere 9 Prozent der Ausfuhren. Es gibt also ein deutliches Übergewicht von Rohstoffen in der russischen Exportbilanz (vgl. GTAI, 24. Februar 2012).

Metall- und Stahlindustrie: Das Erbe der Sowjetunion

Die Metall- und Stahlindustrie zählt zu den Schlüsselbranchen Russlands und ist nach dem Öl- und Gassektor die wichtigste Exportbranche. Russland ist weltweit der viertgrößte Stahlerzeuger, hinter China, Japan und den USA. Die Firmen Evraz, Severstal und Magnitogorsk gehören den zwanzig größten Stahlunternehmen weltweit.

Die Metallindustrie hatte besonders unter der Krise der Jahre 2008 und 2009 zu leiden. So entließ zum Beispiel Severstal an seinem Hauptstandort Tscherepowez, 500 Kilometer nördlich von Moskau, in der Krise Tausende Arbeiter. Da der Ort eine der typischen in der Sowjetzeit gegründeten „Monostädte" ist, in denen ein großes Industriekombinat den einzigen Arbeitgeber darstellt, war hier die soziale Not besonders groß (vgl. Die Welt, 15. Mai 2009). Mittlerweile hat sich jedoch Severstal von der Krise deutlich erholt und produziert wieder in größerem Umfang für seine Abnehmer. Zu den wichtigsten Kunden gehören die deutschen Unternehmen BMW und Mercedes.

Der Severstalkonzern wird mit seinen hunderttausend Arbeitskräften an Größe nur noch von der Evraz Gruppe mit über 130.000 Arbeitnehmern übertroffen. Beide Unternehmen besitzen umfangreiche internationale Beteiligungen. Die russische Metallindustrie hat aufgrund ihrer sehr starken Exportausrichtung früher als andere russische Industriebranchen den Weg auf die internationalen Märkte gesucht und dabei auch nach sinnvollen Investitionen Ausschau gehalten.

Die Metallindustrie Russlands hat den Vorteil relativ niedriger Kosten, vor allem durch geringe Strompreise und vergleichsweise günstige, aber gut qualifizierte, Arbeitskräfte. Andererseits muss die russische Metallindustrie auch mit einigen Nachteilen leben, wie einer geringen Inlandsnachfrage und einem Investitionsstau in den letzten Jahren und Jahrzehnten.

Die russische Metallbranche setzt bisher eher wenig auf die Weiterverarbeitung von Waren mit hohem Mehrwert. Dadurch ist die Metallindustrie Russlands bisher stärker als andere Erzeugerländer von den schwankenden Preisen auf den internationalen Märkten abhängig. Da die Produktion in den russischen Werken besonders energieintensiv ist, könnten auch steigende Energiepreise einen negativen Effekt auf die russische Metallindustrie haben (vgl. Elektrotechnik, 3. November 2011). Die Modernisierung der Technologie und der Verarbeitungsprozesse wird daher eine der Hauptaufgaben der Unternehmen der Branche sein.

Die Aluminiumsparte hatte in den Krisenjahren 2008 und 2009 ebenfalls mit einem deutlichen Auftragsrückgang zu kämpfen. Doch ebenso wie in der Stahlindustrie gab es bei der Aluminiumproduktion in den letzten Jahren Erholungstendenzen. Russland besitzt mit Russkij Aljuminij (Rusal) den weltweit größten Aluminiumproduzenten. Das Unternehmen betreibt Schmelzwerke und Aluminiumhütten in 19 Ländern. Rusal treibt jetzt die Modernisierung seiner Produktionsanlagen konsequent voran (vgl. GTAI, 16. Juni 2011). Das Unternehmen wird vom Oligarchen Oleg Deripaska kontrolliert. Die Aluminiumindustrie war eine Branche, in der in den 90er-Jahren die Verteilungskämpfe besonders brutal tobten. So ist es kein Zufall, dass zahlreiche ehemalige Geschäftspartner gegen Deripaska klagten und zum Teil Entschädigungssummen in Millionenhöhe erstreiten konnten.

Das Herzstück der russischen Wirtschaft: die Energiebranche

Die Bedeutung der Öl- und Gaswirtschaft für Russland zeigt sich auch daran, dass die russische Politik die Entwicklungen in dieser Branche stets mit besonderer Aufmerksamkeit verfolgt. Wenn aus Sicht der politisch Verantwortlichen die Interessen des Staates in der Vergangenheit wirklich oder scheinbar bedroht schienen, schreckte die russische Regierung auch nicht vor direkten Interventionen zurück.

Nach dem Ende der Sowjetunion erlebte die russische Ölbranche in den 90er-Jahren des vorigen Jahrhunderts eine massive Privatisierungswelle. Der Markt wurde für ausländische Unternehmen geöffnet. Viele der Betriebe gingen in die Hände einiger weniger Oligarchen über. Zu den führenden Oligarchen in diesem Bereich gehörten Roman Abramowitsch mit dem Unternehmen Sibneft, Viktor Wechselberg (TNK-BP) und Michail Chodorkowskij (Jukos). Ausländische Konzerne wie BP, Shell, Exxon Mobil sowie Ruhrgas und BASF mit seiner Tochter Wintershall erwarben Beteiligungen und Förderlizenzen in Russland oder gründeten Gemeinschaftsunternehmen mit russischen Partnern. Im Gegensatz zur Ölbranche gab es sowohl in der Erdgas- als auch der Stromwirtschaft relativ wenige Privatisierungen.

Ungefähr ab dem Jahr 2000 begann ein starker Anstieg der Öl- und Gasförderung in Russland, der vor allem durch die stark gestiegenen Weltmarktpreise bedingt war. Dadurch rückte die Branche aber auch wieder stärker in den Fokus der Politik. Die russische Regierung verfolgte nun eine Politik der Renationalisierung im Rohstoffbereich. Putin verkündete, dass es Ziel der russischen Politik sei, die strategischen Interessen im Öl- und Gassektor zu sichern. Bei dieser Politik bediente sich die Regierung in besonderem Maße der Staatskonzerne Rosneft und Gazprom.

Das Staatsunternehmen Rosneft hatte in den 90er-Jahren durch die Privatisierungspolitik unter Präsident Jelzin massiv an Bedeutung verloren. Erst mit der Berufung von Igor Setschin, einem engen Vertrauten Putins, auf den Posten des Vorstandsvorsitzenden von Rosneft, gewann das Unternehmen wieder Einfluss zurück. Bei der Enteignung von Jukos, dem Unternehmen Michail Chodorkowskijs, kam Rosneft eine zentrale Bedeutung zu: So übernahm Rosneft die größte Produktionsgesellschaft von Jukos nach dessen Zerschlagung. Nach weiteren Übernahmen ist Rosneft nun der größte Energiekonzern weltweit.

Anders als die Ölbranche ist der Gasbereich in Russland nie in so starkem Maße privatisiert worden. So hatte die Firma Gazprom bereits in den 90er-Jahren die führende Stellung im Gassektor inne und hat diese in den folgenden Jahren noch weiter ausgebaut. Mittlerweile entfallen auf Gazprom 85 Prozent der russischen Erdgasförderung und 20 Prozent der weltweiten Förderung. Die russische Regierung hält an Gazprom einen Anteil von knapp über 50 Prozent und verfügt damit im Aufsichtsrat über die Mehrheit der Sitze.

Bei den Streitigkeiten Russlands mit den wichtigen Transitländern Ukraine und Belarus in den Jahren 2006 und 2007 spielte Gazprom eine zentrale Rolle. Da Gazprom die Preise für einzelne Abnehmerländer im postsowjetischen Raum sehr unterschiedlich festlegt, bietet diese Preispolitik immer wieder Konfliktstoff mit den jeweiligen Transit- und Empfängerländern. Von daher wird Gazprom auch häufig vorgeworfen, dass die Preispolitik des Unternehmens politisch motiviert sei, insbesondere gegenüber den Nachbarländern Russlands. Gazprom ist auch im Medien- und Bankensektor aktiv.

Von besonderer Wichtigkeit für die russische Energiewirtschaft sind die großen Pipeline-Projekte. Die Ostseepipeline umgeht die Transitländer in Osteuropa und schafft eine direkte Verbindung von Russland zum wichtigen deutschen Markt. Russland kann damit jetzt Deutschland und Westeuropa direkt beliefern, womit eine noch größere Versorgungssicherheit gewährleistet und zugleich der Einfluss der Transitländer ausgeschaltet worden ist.

Das Projekt South Stream, das ursprünglich in direkter Konkurrenz zu dem von der EU geförderten Pipeline Projekt Nabucco stand, soll eine Pipeline-Verbindung von der russischen Küste durch das Schwarze Meer und den Balkan bis nach Süditalien bzw. Österreich schaffen. Neben der italienischen Energiegesellschaft Eni und der Firma Wintershall ist an diesem Projekt auch Gazprom führend beteiligt. Da der Weiterbau von Nabucco stockt und die Fortführung des Projektes unsicher ist, könnte Russland mit South Stream seine Bedeutung für den europäischen Energiemarkt weiter steigern.

Russland hat ohne Zweifel mit seinen Pipeline Projekten sehr geschickt agiert und so zum Teil Konkurrenten wie Nabucco ausgeschaltet. Doch mittlerweile ergeben sich für die russische Energiewirtschaft neue Probleme. Der Fracking Boom in den USA hat dafür gesorgt, dass das Land weitgehend zum Selbstversorger geworden ist. Weil andere Gasexporteure, insbesondere Katar, daraufhin ihre Exporte nach Europa umgeleitet haben, ist die russische Gaswirtschaft massiv unter Druck gekommen. Das auf Tankern transportierte Flüssiggas aus Katar ist wesentlich billiger als das durch Pipelines transportierte russische Gas. So kostete zum Beispiel im April 2013 Gas auf US Handelsplätzen etwa 160 Dollar pro 1000 Kubikmeter während für russisches Gas in Europa ca. 400 Euro für dieselbe Menge bezahlt werden mussten. Europäische Konzerne kauften deshalb mehr Gas an den Rohstoffbörsen und konnten Gazprom auf diese Weise unter Druck setzen Preisnachlässe zu gewähren.

Gazprom hat 2012 37 Prozent weniger Gewinn in Europa erzielt als noch 2011. Mittlerweile hat der Konzern 70 Prozent seines früheren Marktwertes verloren (Die Welt, 23.04.13). Da Gazprom das größte russische Unternehmen ist, hat diese Entwicklung auch negative Auswirkungen auf das russische Wirtschaftswachstum.

Als Fazit zur russischen Energiepolitik lässt sich sagen, dass diese in den letzten Jahren häufig zwischen dem Bestreben eine stärkere Kontrolle des Staates über den Rohstoffsektor durchzusetzen und dem Interesse an ausländischen Investitionen schwankte. Insbesondere im technischen Bereich sind diese sehr erwünscht und daher sind zumindest Minderheitsbeteiligungen ausländischer Unternehmen im russischen Rohstoffsektor möglich. Doch es ist auch offensichtlich, dass unter Putin eine weitergehende Liberalisierungspolitik im Öl- und Gassektor keine Chance haben wird. Der Präsident sieht die Energiewirtschaft als eine Branche von höchstem strategischem Interesse für das Land sowie als eine Basis der russischen Machtpolitik. Von daher ist es für Putin essentiell, dass der Staat jederzeit Zugriff auf die Ressourcen der Energiewirtschaft haben kann.

Seltene Erden: Ein Exportschlager der Zukunft?

Ein Bereich, auf den die russische Führung und ein Teil der Wirtschaft große Hoffnungen setzen, sind die „Seltenen Erden". Seltene Erden sind eine Gruppe von Metallen, deren Vorkommen gering und relativ verstreut sind. Sie sind ein gefragter Rohstoff in der Industrie, zum Beispiel beim Bau von Katalysatoren, Windrädern, der Herstellung von Leuchtstoffen und der Produktion von Plasmabildschirmen.

Im Bereich der Seltenen Erden will sich die russische Wirtschaft in den nächsten Jahren stärker als bisher engagieren. Russland stellt nur 2 Prozent der globalen Förderung, obwohl sich etwa 20 Prozent des weltweiten Vorkommens an Seltenen Erden im Land befinden. Die Verarbeitung findet meist im Ausland statt - zum Beispiel in Estland und Kasachstan. Diese Arbeitsteilung rührt zum Teil noch aus sowjetischer Zeit her. Die russische Regierung hat sich das Ziel gesetzt, bis zum Jahr 2020 etwa 10 Prozent der Weltförderung zu erreichen.

China, das bisher 95 Prozent des weltweiten Bedarfs deckt, hat in den letzten Jahren seinen Export verringert. Dadurch sind die Preise vorübergehend sehr stark gestiegen. Der Verbrauch Seltener Erden wächst, wenngleich nicht so stark wie noch vor einigen Jahren angenommen. Russland braucht zunehmend Seltene Erden bei der Modernisierung seiner Industrie und hat ein verstärktes Interesse daran, diese selbst zu fördern (vgl. russland-heute.de, 5. November 2012). Im Frühjahr 2013 hat ein russisches Konsortium angekündigt in Russland die vermutlich größte Lagerstätte für Seltene Erden weltweit zu erschließen. Dabei ist auch der Staatskonzern Rostec beteiligt (stock-world.de, 9.5.13)

KFZ Industrie und Rüstungsindustrie: sehr unterschiedliche Erfolge auf den internationalen Märkten

Die russische Fahrzeugindustrie hat, insbesondere im Vergleich mit in dieser Branche führenden Ländern wie Deutschland oder Japan, mit großen Problemen zu kämpfen. Mit dem Zusammenbruch der Sowjetunion brachen auch die traditionellen Absatzmärkte in Osteuropa und Zentralasien weg. Zugleich drangen immer mehr Importe aus Westeuropa, den USA und Japan auf den sehr lukrativen russischen Markt. Die russische Regierung reagierte darauf mit Importschranken für europäische PKWs, insbesondere einer Recyclinggebühr für Importwagen. Die Abgabe hat nach Zahlen der EU einen jährlichen Wert von etwa 10 Milliarden Euro. Die EU hat im Streit mit Russland sogar die Welthandelsorganisation WTO eingeschaltet.

Für die deutschen Automobilunternehmen ist der Aufbau eigener Produktionsstätten in der russischen Föderation zunehmend wichtig geworden. So erklärte VW Chef Martin Winterkorn: "Russland ist für den Volkswagen-Konzern der strategische Wachstumsmarkt Nummer eins in Europa. Bis Ende 2018 investieren wir weitere 1,2 Milliarden Euro in Russland". Auch Opel, Ford und verschiedene japanische Hersteller wollen ihre Produktion in Russland ausbauen.

Russland ist nach den USA der größte Hersteller von Rüstungsgütern weltweit. Koordiniert wird Russlands Rüstungsindustrie vom staatlichen Rüstungsexporteur Rosoboronexport. Das Unternehmen koordiniert die Arbeit der verschiedenen Rüstungsfirmen und schließt diese über Beteiligungen zu einem gewaltigen Rüstungskonzern zusammen. Allein im Jahr 2012 exportierte Russland für mehr als 15 Milliarden Euro Rüstungsgüter. Die bereits geschlossenen Exportaufträge belaufen sich sogar auf etwa 40 Milliarden US Dollar (Stimme Russlands, 18.12.2012). In der Verteidigungsindustrie Russlands sind mehr als 2 Millionen Menschen beschäftigt.

Für Putin ist die Rüstungsindustrie „einer der treibenden Motoren der Modernisierung des Landes. Die Armee werde im Laufe des nächsten Jahrzehnts komplett umgerüstet und dabei soll das Geld aus dem Rüstungsetat vor allem der russischen Rüstungsindustrie zu Gute kommen (Alexander Rahr, „Der kalte Freund", München, 2011, Seite 190). Die Verteidigungsausgaben sollen bis 2020 rund 700 Milliarden US Dollar betragen.

Die Rüstungsindustrie ist die zweitwichtigste Exportbranche der russischen Föderation. Schwerpunkte beim Rüstungsexport liegen beim Flugzeugbau, Waffen der Luftverteidigung und taktischen Raketen (Stimme Russlands, 19.9.2012). Zu den Hauptabnehmern der russischen Waffenlieferungen gehören Indien und China, aber auch nach Syrien, Algerien und Venezuela gehen viele russische Waffen. Auch die Raumfahrt genießt besondere staatliche Unterstützung. 2015 soll dem Raumfahrtprogramm eine neue Trägerrakete zur Verfügung stehen. Zudem gibt es Fortschritte bei der Errichtung eines neuen Weltraumbahnhofs (Alexander Rahr, „Der kalte Freund", München, 2011).

Die Verkehrsinfrastruktur – ein Wachstumshemmnis

Der Verkehrsinfrastruktur kommt aufgrund der Größe des Landes besondere Bedeutung zu. Doch das Straßennetz ist in vielen Teilen des Landes katastrophal. Nur 8 Prozent der Straßen sind mehrspurig. Über 40.000 Siedlungen und kleinere Ortschaften sind vom Straßennetz ganz oder zeitweise abgeschnitten.

Nach Schätzungen von Verkehrsexperten müssten pro Jahr mindestens 32 Milliarden Euro in die Infrastruktur investiert werden. Gegenwärtig investiert der Staat aber kaum mehr als die Hälfte in den Verkehrssektor. So ist es kein Zufall, dass der Anteil der Transportkosten an den Produktionskosten in Russland zwischen 15 bis 20 Prozent beträgt. In anderen Industriestaaten liegt dieser Anteil nur zwischen 5 bis 7 Prozent. (GTAI International, 23.12.11)

Ein im Jahr 2010 verabschiedetes Programm zur Förderung des Straßenbaus hat bisher wenig Erfolg gebracht. Aus einem eigens für diesen Zweck eingerichteten Fond sollen jährlich 10 Milliarden zusätzliche Euro in den Straßenbau fließen. Bis 2020 sind für den Straßenbau 500 Milliarden Euro im Staatsbudget eingeplant. Doch angesichts des Zustandes der russischen Straßen ist auch dieser Betrag nicht ausreichend. Nach Schätzungen kostet die schlechte Infrastruktur Russland zwischen 7 bis 9 Prozent seiner Wirtschaftsleistung (Die Welt, 25.3.2012). Zudem kostet in Russland der Bau eines Kilometers Autobahn wesentlich mehr als im Westen.

Dies liegt zum einen an Korruption und Bestechung durch die Bauunternehmen. Auch die Auftragsvergabe ist nicht immer ganz durchsichtig. Laut einer Studie des Magazins Forbes „geht ein bedeutender Teil der landesweiten Ausschreibungen an fünf oder sechs Unternehmen".

Aber auch andere Bereiche der Infrastruktur sind veraltet und dringend erneuerungsbedürftig. So liegt die Verschleißrate bei Stromleitungen zwischen 50 bis 70 Prozent, bei Erdgasleitungen bis 60 Prozent und Ölleitungen sind sogar zu 70 Prozent verschlissen laut Angaben von Sergey Schmatko, Sonderbeauftragter des russischen Präsidenten auf dem Gebiet der Energetik. In der Vergangenheit wurde viel Geld für den Bau neuer Pipelines ausgegeben, aber kaum Ausgaben für den Unterhalt bestehender Pipelines getätigt.

Schmatko beziffert den gesamten Investitionsbedarf für den Erhalt der Infrastruktur im Bereich Verkehr, kommunale Infrastruktur, Energie sowie Öl- und Gasleitungen bis 2020 auf rund 418 Milliarden Euro. Die russische Regierung sucht nun nach ausländischen Investoren, die sich an der Finanzierung der Infrastruktur beteiligen. So äußerte sich Schmatko auf einer Konferenz in Berlin: „Wir wollen in drei bis vier Jahren einen Riesenmarkt schaffen mit privaten Investitionen und Expertise." (OWC online, 2.10.13).

Modernisierung der Wirtschaft als Hauptaufgabe der russischen Wirtschaftspolitik

Noch bevor Putin im März 2012 erneut als Präsident gewählt wurde, versprach er ökonomische Reformen, um die Wettbewerbsfähigkeit Russlands zu stärken. So nannte er in einem Interview mit einer russischen Zeitung im Januar 2012 als Hauptprobleme den „Mangel an Transparenz, fehlende Kontrolle von Beamten, Zöllen, Finanzämtern, des Justizsystems und der Ordnungskräfte" (vgl. russland.ru, Januar 2012). Seit seiner Wiederwahl hat Putin diese Probleme jedoch kaum in

Angriff genommen. Es ist noch nicht ersichtlich, ob die im Herbst 2012 angefachte Antikorruptionskampagne wirklich die massive Korruption auf sämtlichen staatlichen Ebenen des Landes bekämpfen soll oder ob sie nur dazu dient, missliebige Politiker und Beamte zu diskreditieren und ihre Absetzung zu erzwingen. Russland gehört zu den europäischen Ländern mit der höchsten Korruptionsrate.

Die sehr umständlichen und langwierigen Zollprozeduren behindern vor allem exportorientierte russische Unternehmen, die ja häufig auch Produkte für ihre Fertigung aus dem Ausland einführen müssen.

Die von der Regierung als Ziel verkündete Modernisierung der Wirtschaft ist bisher erst in wenigen Bereichen erfolgt. Zudem konnte auch nicht die Abhängigkeit Russlands vom Rohstoffsektor reduziert werden. In den letzten Jahren ist diese Abhängigkeit sogar noch etwas größer geworden. Branchen wie der russische IT-Sektor, insbesondere der Software-Bereich, der in den letzten Jahren seine Exporte um jeweils ein Drittel steigern konnte, bilden hier eine positive Ausnahme (vgl. GTAI, 24. Februar 2012).

Die russische Regierung unter Ministerpräsident Medwedew will die Wirtschaft des Landes stärker diversifizieren. Teilweise wirkt die russische Wirtschaftspolitik aber planlos und widersprüchlich. Offensichtlich ist auch der Einfluss der großen Energieunternehmen des Landes auf die russische Politik sehr stark, was deren Vorzugsbehandlung gegenüber anderen Branchen erklärt. Russlands Wirtschaft wird jedoch in den nächsten Jahren weiter wachsen, zumindest wenn es keinen weltweiten Rückgang der Rohstoffpreise geben sollte. Allerdings ist eine leichte Abschwächung auf etwa 2-3 Prozent Wachstum im Jahr 2013 zu verzeichnen. Um das Wachstum gegen Rückschläge, wie die der Jahre 2008 und 2009, stärker abzusichern, müssen der Export auf eine breitere Grundlage gestellt und neue Wachstumsbranchen erschlossen werden. Auch der Ausbau und die Verbesserung der Infrastruktur sind dringend erforderlich.

Gerade diese Kombination aus wirtschaftlichen Wachstum und notwendiger Modernisierung macht Russland für deutsche Unternehmen besonders interessant. Russland bleibt für ausländische Investoren ein Markt mit Risiken, aber auch mit sehr großem Potential und Zukunftschancen.

5. Die Außenpolitik Russlands

Russlands Beziehungen zu den postsowjetischen Staaten

Wladimir Putin hat vor einigen Jahren den Untergang der Sowjetunion als „die größte geopolitische Katastrophe des 20. Jahrhunderts" bezeichnet. Diese Aussage macht deutlich, dass die russische Führung der untergegangenen Sowjetunion und insbesondere ihrem Großmachtstatus eine positive Rolle in der Weltgeschichte zuschreibt. Von daher ist die russische Politik seit dem Ende der Sowjetunion davon geprägt die Rolle als Großmacht zu bewahren bzw. wiederzuerlangen. Die 90er-Jahre des vorigen Jahrhunderts waren allerdings durch eine massive wirtschaftliche und politische Schwäche Russlands geprägt. So war letztendlich auch das Projekt der Gemeinschaft unabhängiger Staaten (GUS) zum Scheitern verurteilt, da sich die teilnehmenden Staaten mehr Vorteile von einer außenpolitischen Orientierung auf dritte Staaten versprachen anstelle einer engeren Bindung an Russland (die GUS besteht noch weiter, spielt jedoch kaum noch eine Rolle).

In den Jahren nach dem Amtsantritt Putins hat sich jedoch die wirtschaftliche und finanzielle Lage Russlands stabilisiert. Somit standen der russischen Regierung nun mehr Mittel zur Verfügung, um wieder eine dominierende Rolle im gesamten postsowjetischen Raum anzustreben. Zugleich waren jedoch die ersten Amtsjahre Putins auch von Konflikten mit der Ukraine und Belarus geprägt.

Die Demonstrationen in der Ukraine 2004, die schließlich zum Rücktritt des kurz zuvor gewählten Präsidenten Janukowitsch und zur Wahl von Viktor Juschtschenko als neuen Präsidenten führten, werden als „orangene Revolution" bezeichnet. Diese rief bei der russischen Regierung starke Besorgnis hervor, da man ein Übergreifen der Proteste auf Russland befürchtete, wozu es jedoch nicht kam. Nach der orangenen Revolution kam es in der Ukraine zu einem Kurs der Abgrenzung gegenüber Russland. Präsident Juschtschenko näherte sich zugleich dem Westen an und strebte die EU Mitgliedschaft und einen NATO Beitritt an. Die NATO Mitgliedschaft der Ukraine (wie auch Georgiens) wurde jedoch durch ein Veto Deutschlands und Frankreichs auf dem NATO Gipfel in Bukarest im April 2008 verhindert. Deutsche wie Franzosen befürchteten eine Konfrontation mit Russland falls sich die NATO bis an die russischen Grenzen ausdehnen würde. Auch in der Frage der EU Mitgliedschaft konnte die Ukraine keine wesentlichen Fortschritte erzielen.

Im Jahr 2005 kam es zu einem Konflikt zwischen Russland und der Ukraine über die russischen Gaslieferungen. Präsident Juschtschenko instrumentalisierte dabei das ukrainische Transportmonopol für russische Gaslieferungen nach Westen und versuchte so die russische Führung zur Rücknahme der zuvor verhängten Gaspreiserhöhungen zu bewegen. Der Streit eskalierte in der symbolischen Abdrehung der russischen Gaslieferungen in die Ukraine am 1. Januar 2006. Davon waren allerdings auch die Empfänger von russischenm Erdgas in der EU betroffen.

Auch die folgenden Jahre blieb das Verhältnis Russlands zur Ukraine sehr gespannt. Aufgrund der Verschlechterung der wirtschaftlichen Lage der Ukraine durch die weltweite Finanzkrise und den Konflikt in der ukrainischen Führung zwischen Präsident Juschtschenko und Premierministerin Julia Tymoschenko stieg allerdings die Unzufriedenheit der ukrainischen Bevölkerung mit den prowestlichen Reformkräften der „Orangenen Revolution".

Im Februar 2010 wurde schließlich der eher russlandfreundliche Viktor Janukowytsch als Nachfolger Juschtschenkos gewählt. Janukowytsch verfolgt seitdem einen Kurs der Wiederannäherung an Russland. Am deutlichsten zeigte sich dies im Verzicht der Ukraine auf den angestrebten NATO Beitritt und die Verlängerung der Stationierung der russischen Schwarzmeerflotte im ukrainischen Hafen Sewastopol auf der Krim. Zugleich sorgte Janukowytsch dafür, dass der russische Gastransit nach Westen wieder reibungslos verläuft. Trotzdem verfolgte bisher auch Janukowytsch eine Annäherung an die EU, allerdings weit weniger entschieden als Jutschenko. Im November 2013 hat die ukrainische Regierung aber die Verhandlungen über ein Assoziierungsabkommen mit der EU vorerst gestoppt. Danach kam es zu Demonstrationen der oppositionellen Kräfte gegen diese Entscheidung.

Auch im Verhältnis Russlands zu Weißrussland, dessen offizielle Staatsbezeichnung Belarus ist, gab es in den letzten Jahren wiederholt Spannungen. So kam es mehrfach zum Streit über russische Gaslieferungen nach Belarus, das zugleich auch Gastransitland nach Westen ist. Zugleich bleibt jedoch das Verhältnis des autoritär regierenden weißrussischen Präsidenten Lukaschenko zum Westen sehr unterkühlt. So hat die EU wiederholt Menschenrechtsverletzungen in Belarus und die offensichtliche Fälschung der Präsidentschaftswahlen im Dezember 2010 scharf verurteilt. Als es nach der Wahl zur Inhaftierung zahlreicher Oppositioneller in Belarus kam, verhängten die westlichen Länder neue Sanktionen gegen Belarus. Kurz danach einigte sich Belarus mit Russland und Kasachstan über das Inkrafttreten einer gemeinsamen Zollunion. Russland ist daran interessiert, Belarus an sich zu binden – trotz der wiederholten Spannungen und der Kritik an Lukaschenko auch in russischen Medien. Das Land wird als Puffer zu den Nachbarländern Polen und Litauen gesehen, die beide NATO Mitglieder sind.

Im Verhältnis zu den zentralasiatischen Staaten konnte Moskau in den letzten Jahren etwas Einfluss zurückgewinnen, den es in den 90er-Jahren verloren hatte. Besonders eng ist das Verhältnis zu Kasachstan, das, wie oben erwähnt, Mitglied der Zollunion geworden ist, die die Vorstufe zu einem gemeinsamen eurasischen Wirtschaftraum bilden soll. Das ebenfalls autoritär regierte Usbekistan hat sich zum Teil auch

Russland wieder angenähert. In Kirgistan und Tadschikistan sind russische Truppen stationiert. Allerdings konkurriert Russland in der zentralasiatischen Region mit der EU und den USA, aber auch mit China.

Zu den postsowjetischen Staaten im Kaukasus gestaltet sich das Verhältnis Russlands sehr unterschiedlich. Mit Armenien verbindet Russland traditionell eine recht enge Beziehung. Von armenischer Seite wird Russland als Schutzmacht gegen die islamischen Nachbarstaaten Türkei und Aserbaidschan gesehen. Im Konflikt zwischen Armenien und Aserbaidschan um die überwiegend armenisch besiedelte Enklave Berg-Karabach in Aserbaidschan verfolgt Moskau aber eine weitgehend neutrale und vermittelnde Politik, um das Verhältnis zum ölreichen Aserbaidschan nicht zu belasten.

Schwieriger haben sich in der Vergangenheit die russischen Beziehungen zu Georgien gestaltet. Im August 2008 kam es zu einem Angriff georgischer Sicherheitskräfte auf die georgische Teilrepublik Südossetien, die nach Unabhängigkeit von Georgien strebt. Dabei wurden auch russische Soldaten getötet, die in Süd-Ossetien als Friedenstruppen eingesetzt waren. In der Folge kam es zu einer massiven Intervention russischer Truppen, die weit in georgisches Gebiet vordrangen. Nach wenigen Tagen wurde ein Waffenstillstand unterzeichnet. Die Position des sehr russlandkritischen georgischen Präsidenten Saakaschwili war in der Folge geschwächt und bei den Wahlen im Jahr 2013 wurde Giorgi Margwelaschwili zum neuen Präsident Georgiens gewählt, der auf eine Annäherung an Russland setzt.

Seit dem Amtsantritt Putins im Januar 2000 hat Russland in einigen der GUS Staaten wieder an Einfluss gewonnen. Den westlichen Staaten ist es kaum gelungen, die postsowjetischen Staaten enger an sich zu binden. Eine Reintegration aller Nachfolgestaaten der Sowjetunion erscheint allerdings auch wenig wahrscheinlich. So sind der Zollunion und dem aus ihr hervorgegangen Einheitlichen Wirtschaftsraum bisher nur Belarus und Kasachstan beigetreten (die Ukraine verhandelt noch). Viele der postsowjetischen Staaten fürchten eine zu große russische Dominanz. Zudem hängen die Beziehungen Russland zu den einzelnen Staaten in seiner Nachbarschaft auch sehr vom Verhältnis zu den jeweils im Amt befindlichen Präsidenten und Regierungen ab wie die Beispiele Georgien und Ukraine besonders anschaulich zeigen.

Beziehungen Russlands zu Deutschland und der EU

Die Beziehungen Russlands zu Deutschland haben seit dem Ende der Sowjetunion sehr unterschiedliche Phasen durchlaufen. Zu Anfang waren sie von großem gegenseitigen Interesse und einer sehr optimistischen Grundstimmung auf beiden Seiten geprägt. Das positive persönliche Verhältnis zwischen Präsident Jelzin und Bundeskanzler Kohl, der demokratische Neubeginn in Russland und die gegenseitige Attraktivität als Wirtschaftspartner trugen zu diesem Aufbruch in den Beziehungen der beiden Länder bei. Deutschland war für Russland zweifelsohne der bevorzugte Partner in Europa.

Das beiderseitige Verhältnis war jedoch bald einigen schweren Belastungen ausgesetzt. Die Ausdehnung der NATO nach Osteuropa und ins Baltikum, die von der deutschen Regierung unterstützt wurde, sah man auf der russischen Seite sehr kritisch. Das militärische Eingreifen der NATO in Bosnien und insbesondere im Kosovokonflikt verstärkte die russische Skepsis gegenüber dem Westen. Zwar richtete sich die Hauptkritik an die USA, doch auch das deutsch-russische Verhältnis war gewissen Belastungen ausgesetzt.

Der Amtsantritt Putins wurde in der deutschen Öffentlichkeit durchaus nicht negativ bewertet. Man versprach sich eine Stabilisierung der politischen Verhältnisse in Russland nach der oftmals chaotischen Präsidentschaft Boris Jelzins, die zudem durch den wirtschaftlichen Niedergang des Landes geprägt war. Die gemeinsame Ablehnung des Irakkrieges im Jahr 2003 führte zu einem Schulterschluss der drei großen europäischen Mächte Russland, Deutschland und Frankreich in dieser Frage. Es entstand ein Vertrauensverhältnis zwischen Bundeskanzler Schröder und Präsident Putin, das die politische und insbesondere auch wirtschaftliche Kooperation zwischen beiden Ländern begünstigte. Zudem setzte um das Jahr 2001 ein Erholungsprozess der russischen Wirtschaft ein, der durch hohe Ölpreise begünstigt war und zunehmend auch auf andere Branchen der russischen Wirtschaft übergriff. Russland wurde damit für Deutschland als Wirtschaftspartner zunehmend interessant.

Bundeskanzlerin Merkel ging seit ihrem Amtsantritt 2005 im Verhältnis zu Russland auf mehr Distanz im Vergleich zu Schröder, ohne jedoch die Kooperation mit dem großen Nachbarn im Osten wesentlich einzuschränken. Die wirtschaftliche Kooperation und der Handel mit Russland vertieften sich weiter, sowohl in den Jahren der großen als auch der schwarz-gelben Koalition.

In der deutschen Öffentlichkeit und den Medien kam es jedoch zu einer zunehmenden Kritik an den innenpolitischen Verhältnissen in Russland. Präsident Putin wird vorgeworfen zunehmend autokratisch zu regieren und dabei die Presse- und Meinungsfreiheit im Land massiv einzuschränken und Menschenrechte zu verletzten. Insbesondere die Inhaftierung des Oligarchen Chodorkowskij, die Ermordung der regierungskritischen Journalistin Politkowskaja, die Vergiftung des Putin Kritikers Litwinenko in London und die Verurteilung der Aktivistinnen der Punkgruppe „Pussy Riot" wurden in den westlichen Medien als Versuch der russischen Regierung bzw. ihr nahe stehender Kräfte gewertet, die Opposition gegen Putin auszuschalten. Zugleich wurden die zunehmende Gleichschaltung der Medien, insbesondere des Fernsehens, und die Manipulationen im Vorfeld sowie während der Duma- und Präsidentschaftswahlen in den vergangenen Jahren kritisiert.

Trotzdem blieb das Verhältnis Deutschlands zu Russland nach Merkels Amtsantritt viele Jahre durchaus konstruktiv und Deutschland fand sich, sowohl in der NATO als auch in der EU, oftmals in einer vermittelnden Rolle zwischen Russland und westlichen Staaten wieder. So bildet Deutschland in der EU ein Gegengewicht zu den sehr russlandkritischen Positionen mehrerer osteuropäischer Länder und Großbritanniens, wobei die deutsche Russlandpolitik oftmals von Frankreich, Italien und anderen südeuropäischen Ländern unterstützt wurde.

Mit dem Wiederantritt Putins als Präsident und seinen Ämtertausch mit Medwedew im Jahr 2012 vermehrten sich allerdings auch in der deutschen Politik die kritischen Stimmen, die Putin Machtmissbrauch vorwarfen. Da es zugleich aber weiter ein Interesse an einer Zusammenarbeit mit Russland in wichtigen internationalen Fragen, wie der Lösung des Nuklearstreits mit dem Iran, die Bekämpfung des internationalen Terrorismus, die Vermittlung Russlands im Syrienkonflikt, die Hilfe beim Abzug der deutschen Truppen aus Afghanistan usw. gibt, ist ein offener Bruch mit Russland eher unwahrscheinlich.

Verhältnis zu China

Dem Verhältnis zu China als dem größten Nachbarn Russlands kommt in der Außenpolitik Moskaus natürlich eine besondere Rolle zu. In sowjetischer Zeit waren die Beziehungen zwischen beiden Ländern stark belastet. Im Jahr 1969 kam es sogar zu einer kurzen militärischen Auseinandersetzung am Grenzfluss Ussuri.

Schon unter Präsident Jelzin kam es einer Wiederannäherung an Peking. Putin setzte diese Politik mit dem Abschluss eines Freundschaftsvertrages mit Peking im Jahr 2001 beschleunigt fort. Es gelang auch die territorialen Streitigkeiten zwischen beiden Ländern zu lösen, die noch auf die Expansionspolitik Russlands in der Zarenzeit zurückgehen.

Russland und China arbeiten zudem in der Shanghai-Organisation zusammen. In der Shanghai-Organisation sind auch die mittelasiatischen Staaten Kasachstan, Usbekistan, Kirgistan und Tadschikistan Mitglieder. Indien und der Iran haben einen Beobachterstatus (Mit Indien hat Russland schon seit sowjetischer Zeit enge und gute Beziehungen). Sowohl China als auch Russland sehen die Shanghai-Organisation als Gegengewicht zu den Bestrebungen des Westens, insbesondere der USA, in der eurasischen Region mehr Einfluss zu gewinnen. Im Rahmen der Shanghai-Organisation wurden bereits mehrere große Militärmanöver abgehalten. Russland und China haben in Zentralasien gemeinsame Interessen, zum Beispiel die Bekämpfung des Drogenhandels und die Zurückdrängung islamistischer Kräfte in der Region.

Auch bei den Verhandlungen um das iranische Atomprogramm arbeiten Russland und China eng zusammen. Beide Länder pflegen gute Beziehungen zum Iran und sprechen sich eindeutig gegen eine militärische Intervention gegen die Atomanlagen des Irans aus. Zugleich aber wünschen sowohl Russland wie China keinen atomar bewaffneten Iran. Auch in Syrien haben sich beide Staaten gegen eine mögliche militärische Intervention des Westens gewandt. In der Taiwan-Frage unterstützt Moskau eindeutig die Position der Volksrepublik.

Auf wirtschaftlichem Gebiet hat sich die Kooperation beider Staaten ebenfalls intensiviert. Die Handelsbeziehungen sind in den letzten Jahren viel stärker geworden und China ist mittlerweile der wichtigste Handelspartner Russlands.

In den letzten Jahren hat die Bedeutung Russlands als Energielieferant Chinas durch den Bau neuer Öl- und Gaspipelines in das Nachbarland weiter zugenommen. In der Gruppe der BRICS-Staaten arbeiten Russland und China eng zusammen.

Es gibt allerdings in den sibirischen Grenzregionen zu China die Angst vor einer Masseneinwanderung aus dem südlichen Nachbarland. In den letzten Jahren sind diese Bedenken aber schwächer geworden, da China zwar massiv in Sibirien investiert, doch eine dauerhafte Ansiedlung von Chinesen in Sibirien bisher nur begrenzt stattgefunden hat.

In vielen Bereichen verbinden Russland und China gemeinsame Interessen, doch zugleich sind die beiden Länder auch machtpolitische Konkurrenten. Im eurasischen Raum, insbesondere in Zentralasien, sind beide Länder bestrebt, ihren Einfluss weiter auszubauen. Doch letztendlich eint Russland und China ihre Abwehrhaltung gegen einen verstärkten Einfluss des Westens in der Region. Sowohl in Peking als auch in Moskau werden die USA als Hauptgegner im Kampf um Macht und Einfluss in der Welt gesehen. So messen beiden Seiten auch der Shanghai-Organisation besondere Bedeutung zu. Es ist jedoch unsicher, ob dieser Staatenbund zu einem effektiven Militärbündnis, vergleichbar der NATO, heranreifen kann.

Das russisch-amerikanische Verhältnis und Russlands Politik im Nahen und Mittleren Osten

Die Endphase der Sowjetunion war durch großes Interesse und Sympathie für den Westen und vor allem die USA in der russischen Gesellschaft gekennzeichnet. Auch Präsident Jelzin setzte zu Beginn seiner Amtszeit auf ein enges und gleichberechtigtes Verhältnis zu den USA. Diese erkannten allerdings das wirtschaftlich und politisch geschwächte Russland der 90er-Jahre nicht als ebenbürtigen Partner an. Die NATO Osterweiterung und die militärische Intervention der NATO im früheren Jugoslawien wurden in Moskau als Versuch der USA gesehen, den russischen Einfluss in Osteuropa massiv zurückzudrängen. So kam es schon in der Zeit von Präsident Jelzin zu einer Abkühlung im russisch-amerikanischen Verhältnis.

Durch Putins Gegnerschaft zum Irakkrieg 2003, aber vor allem durch die die „Rosenrevolution" in Georgien im selben Jahr und die „orangene Revolution" in der Ukraine 2004 verschlechterte sich das Verhältnis der beiden Staaten weiter. Die russische Regierung vermutete sowohl hinter den Massendemonstrationen in der Ukraine als auch in Georgien die USA als treibende Kraft. Die amerikanische Regierung stellte sich auch wirklich in beiden Fällen hinter die oppositionellen Kräfte. Die Führer der Oppositionsbewegungen und späteren Präsidenten Viktor Juschtschenko in der Ukraine und Micheil Saakaschwili in Georgien vertraten beiden einen politisch sehr proamerikanischen Kurs und hatten auch enge persönliche Beziehungen in die USA.

Die russisch-amerikanischen Beziehungen verschlechterten sich in den darauf folgenden Jahren erheblich. Unter Präsident Putin versuchte Russland, mehr Einfluss auf die Weltpolitik zu gewinnen, was wiederum den Widerstand Washingtons hervorrief.

Einen Tiefpunkt erreichte das beiderseitige Verhältnis durch den Georgienkrieg. Die Invasion russischer Truppen in Georgien sah man in der amerikanischen Öffentlichkeit als den Beginn einer Politik Moskaus zur Wiedererrichtung der Sowjetunion. Die amerikanische Regierung unter George Bush unterstützte vorbehaltlos die Politik des georgischen Präsidenten Saakaschwili, der die Teilrepublik Süd-Ossetien wieder Georgien einverleiben wollte.

Auch die Pläne zur Errichtung einer Raketenabwehr der NATO, die von amerikanischer Seite durch die Gefahr eines möglichen Einsatzes von Mittelstreckenraketen durch den Iran begründet wird, lehnt Russland vehement ab. Die russische Regierung argumentiert, dass sich die Raketenabwehrpläne der USA in Wahrheit gegen Russland richten. Als Argument dafür wird die geplante Stationierung in Polen und Tschechien angeführt, also räumlich sehr weit vom Iran entfernt. Russland fürchtet eine Entwertung seiner Zweitschlagkapazität durch das Raketenschutzschild der NATO.

Bis zum Ende der Präsidentschaft von George Bush blieb das russisch-amerikanische Verhältnis belastet. Sein Nachfolger im Amt, Barak Obama, versprach 2009 ein „Reset", einen Neustart, in den Beziehungen zu Russland. Von der Obama Administration wird nicht mehr Russland, sondern China als größter Rivale der USA im Kampf um die Führungsrolle in der Welt gesehen. Dabei fürchten die USA auch ein Zusammengehen des immer noch militärisch starken und politisch einflussreichen Russlands mit der Volksrepublik. Zudem sind auch die USA bei der Lösung wichtiger internationaler Fragen auf Russland angewiesen.

Es gibt aber nur wenig Entspannungssignale in den Beziehungen beider Staaten. So verzichtete Präsident Obama im September 2009 auf die Stationierung amerikanischer Abfangraketen in Polen und Tschechien. Im Februar 2012 wurde aber ein europäisches Raketenabwehrprogramm der NATO beschlossen. Der russische Generalstabschef Makarow drohte sogar mit Präventivschlägen gegen Stellungen der Raketenabwehr sollte Russland nicht gleichberechtigt in die europäische Raketenabwehr mit einbezogen werden. Somit bestehen weiterhin erhebliche Differenzen zwischen den USA und Russland in dieser Frage.

Neues Konfliktpotenzial zwischen den USA und Russland ist durch den syrischen Bürgerkrieg entstanden. Russland unterstützt den syrischen Präsidenten Assad, der der wichtigste Verbündete Russlands in der arabischen Welt ist, gegen die Streitkräfte der oppositionellen syrischen Freien Armee und diverser islamistischer Rebellengruppen. Präsident Obama, der anfangs eine neutrale Rolle im Konflikt bezog, wurde von Teilen der Öffentlichkeit und besonders durch die Republikanische Partei, die das Assad Regime massiver Menschenrechtsverletzungen beschuldigen, in dieser Frage angegriffen. Präsident Obama zog schließlich eine „rote Linie", die im Falle des Einsatzes von Chemiewaffen gegen die syrische Opposition überschritten wäre. Im August 2013 setzte die syrische Armee mit hoher Wahrscheinlichkeit das Giftgas Sarin gegen die Rebellen in Damaskus ein. Die USA Streitkräfte begannen mit der Vorbereitung eines militärischen Einsatzes in Syrien. Daraufhin übte die russische

Regierung Druck auf Assad aus und bewegte Syrien Anfang September 2013 dazu, seine Chemiewaffen unter internationale Kontrolle zu stellen, womit ein amerikanischer Angriff gegen Syrien abgewendet wurde.

Der Iran und Russland haben enge Beziehungen und Russland beteiligt sich nicht am Embargo des Westens gegen den Iran. Russland hat zudem den Iran beim Bau von Atomkraftwerken unterstützt. Allerdings ist Russland gegenüber dem Streben des Iran nach nuklearer Bewaffnung ähnlich ablehnend wie die USA. Der im November 2013 erzielte Verhandlungskompromiss mit dem Iran wird daher auch von beiden Ländern getragen.

Angesichts der Differenzen zwischen Russland und den USA in vielen internationalen Fragen ist der Neustart in den Beziehungen nur zum Teil gelungen. Zwar sind die atmosphärischen Spannungen seit dem Amtsantritt Obamas wohl etwas geringer geworden, doch die NATO wird in Moskau offensichtlich weiterhin als eine potentielle Bedrohung gesehen und die USA sind die führende Nation im Militärbündnis. Doch beiden Regierungen ist bewusst, dass sie die Zusammenarbeit brauchen, sei es bei den Iran Gesprächen, dem Syrienkonflikt, Afghanistan oder dem Kampf gegen den Terrorismus. Von daher werden Moskau und Washington, trotz aller Rivalität, wohl auch weiterhin im Dialog bleiben.